Jörn Köppler

Die Poetik des Bauens

Betrachtungen und Entwürfe

[transcript]

Bibliografische Information der Deutschen Nationalbibliothek
Die Deutsche Nationalbibliothek verzeichnet diese Publikation in der Deutschen Nationalbibliografie; detaillierte bibliografische Daten sind im Internet über http://dnb.d-nb.de abrufbar.

Umschlaggestaltung: Kordula Röckenhaus, Bielefeld
Umschlagabbildung: »Landschaftsplatz«; Modellstudie, Rom, 2012; Jörn Köppler
Lektorat: Tanja Jentsch / 7Silben
Satz: Jörn Köppler
Printed in Germany
Print-ISBN 978-3-8376-2540-0
PDF-ISBN 978-3-8394-2540-4

Gedruckt auf alterungsbeständigem Papier mit chlorfrei gebleichtem Zellstoff.
Besuchen Sie uns im Internet: *http://www.transcript-verlag.de*
Bitte fordern Sie unser Gesamtverzeichnis und andere Broschüren an unter: *info@transcript-verlag.de*

Inhalt

Vorwort

> „Aus dem Gesagten ergibt sich auch, daß es nicht Aufgabe des Dichters ist mitzuteilen, was wirklich geschehen ist, sondern vielmehr, was geschehen könnte [...] Daher ist die Dichtung [*poiesis*] etwas Philosophischeres und Ernsthafteres als Geschichtsschreibung; denn die Dichtung teilt mehr das Allgemeine, die Geschichtsschreibung hingegen das Besondere mit."[1]
> Aristoteles

Sind Aristoteles' bekannte Worte aus seiner „Poetik" zwar auf die Dichtkunst bezogen, so vermögen sie doch hinsichtlich des Versuches, dem Gedanken einer Poetik des Bauens näher zu kommen, sehr viel zu sagen. Denkt man darüber nach, was man eigentlich zum Ausdruck bringen möchte, wenn man eine Erfahrung mit den Worten „ein poetischer Moment" oder auch „– wie poetisch" zu fassen versucht, so mag Aristoteles' Differenzierung zwischen einer allgemeinen und einer besonderen Aussage zum Wirklichen insofern hilfreich sein, als dass sie darauf verweist, das im Poetischen, dem poetischen Moment sich etwas Ideelles mitzuteilen vermag. Ideelles in dem Sinne, dass das Poetische eben nicht allein den Erfahrungsbereich physischer Tatsachen zu betreffen scheint, welcher sich in der Mathematik oder den physischen Naturgesetzen widerspiegelt.

1 | Aristoteles, 1994, 9, S. 29.

Das Poetische weist darüber hinaus, es beschreibt ein solches „Mehr", auf das unsere Fragen nach Bedeutung und Sinn zu sehen versuchen.

Einst beschrieb sich dieses Feld des Ideellen als Transzendenz oder auch als geistige Sphäre unseres Daseins, an wortwörtlicher Fragwürdigkeit hat es jedoch in keiner Weise durch das weitestgehende Verschwinden dieser Begriffe und Bezeichnungen aus unserem Sprechen verloren. Immanuel Kant bezeichnete unser ideelles Fragen nach Bedeutung als Fragen nach möglicher *Erkenntnis*, nach *Moralität* und nach der *Hoffnung*, danach also, ob unserem Leben nach dem Tod etwas folgen mag.[2] Das Poetische scheint zwar auch keine Antworten auf diese jenseits des rational-wissenschaftlichen Horizonts liegenden Fragen geben zu können, aber doch jenes zu beinhalten, was auf anderer Ebene als der begrifflichen Beantwortung sich diesen Fragen näherte, nämlich die Erfahrung, die vornehmlich ästhetische Erfahrung dessen, was die Wirklichkeit uns diesbezüglich, zum, wie Aristoteles sagt: Allgemeinen, *zeigt.*

Zeigen und Sehen wären die beiden Seiten des janusköpfigen Charakters des Allgemeinen, von Aussagen zu Bedeutung und Sinn also, sind diese doch von uns selbst nicht, wie wir es in unserer Zeit gewohnt sind anzunehmen, herzustellen. Was sich allein daran zeigt, dass man die Bedeutung des eigenen Daseins nicht einfach behaupten kann, losgelöst von allen Erfahrungen des Lebens, vor allem jedoch hinsichtlich der Frage der eigenen Sterblichkeit. Genau hier setzt das Prinzip des Poetischen an, welches dem Sehen und dem Zuhören nah verwandt ist und vor alle Wünsche des „So muss es sein!" das „Wie ist es wirklich, wie könnte es sein?" stellt. Das poetische Denken enthält sich vorschneller, eigener Aussagen zur Bedeutung des Wirklichen, es sieht vielmehr auf dieses Wirkliche selbst und legt sich diese Betrachtung zu Grunde. Der Blick in den „be-

2 | Kant 1787 (KdrV), S. 522, eine nähere Erläuterung dazu findet sich in Kapitel 1, „Näherung".

stirnten Himmel über mir“[3], auf jene geschöpfte Wirklichkeit, welche sich ebenso im Blick in eine windbewegte Baumkrone, auf das weite, im Sonnenlicht wogende Meer oder auch im Graben in der Erde und der Begegnung mit Tausendfüßler, Regenwurm und Ameisenstaat zeigen mag, – all dieses spricht von jener gesuchten In-Beziehungsetzung zum Wirklichen, als Grund von allem von uns Gemachten.

Bezogen auf das Bauen könnte das heißen, auf die Vorstellung zu verzichten, Bedeutung in ein Werk sozusagen hineinarbeiten zu können, gleich einer Skulptur, die man formend mit seiner Idee des Allgemeinen oder auch des Besonderen versieht. Das poetische Prinzip im Bauen könnte sich vielmehr auf den räumlichen Charakter der Architektur besinnen, welcher es ermöglicht, Wirkliches und damit potentiell Bedeutendes in-Raum zu bringen und damit in-Werk zu setzen. Peter Handke, dessen Überlegungen zum Poetischen eine wichtige Rolle in diesem Buch spielen, vermerkte dazu in seiner Schrift „Vor der Baumschattenwand nachts“:

„Unterscheide Religion und Poesie (Kunst) – Die Religion: ‚Santificetur nomen tuum!‘ (Geheiligt werde Dein Name) – Die Poesie: ‚Multiplicetur nomen tuum!‘ (Verfielfacht, verfielfältigt werde Dein Name).“[4]

Wie sich dieses poetische Prinzip des Zeigens in architektonische Begriffe übersetzen ließe bzw. wie sich dieses in jenen Begriffen widerspiegelte, dem sollte in diesem Buch nachgegangen werden.

Eingeleitet wird die in sechs Kapiteln versuchte Reflexion der poetischen Möglichkeiten des Bauens von einer philosophisch-historischen Näherung an das Thema im ersten Kapitel. Diese Grundlegung des Begriffes der *poiesis* und seiner weitergehenden Folgerungen knüpft dabei

---

3 | Kant 1788 (KdpV) S. 161f., s. ebenfalls Kapitel 1, „Näherung“.

4 | Handke 2016, S. 345.

an die vorangegangene Arbeit „Sinn und Krise moderner Architektur"[5] an und baut zum Teil auf deren philosophischen Grundlegungen auf, welche deshalb im ersten Kapitel noch einmal zusammenfassend dargestellt werden. War jene Arbeit jedoch eine vornehmlich kritische, auf Theorie gerichtete, so soll hier der meiner Auffassung nach für alle Architekturtheorie schlussendlich notwendige Schritt in den Entwurf gegangen werden. Bezogen auf den Inhalt dieser Arbeit zur Poetik des Bauens könnte man sagen, dass sie den Übergang von der ästhetischen Sinnerfahrung der Schönheit in den diese Erfahrung erinnernden, d. h. poetisch in-Werk setzenden architektonischen Entwurf sucht. Aus diesem Grund sind in einem abschließenden Teil des Buches auch Entwürfe und Realisierungen aus dem mit meiner Frau Annette Köppler-Türk geführten Büro „Köppler Türk Architekten" gezeigt, da diese das Ziel aller theoretischen Überlegungen waren und sind. Ob die gezeigten Übersetzungen gelungen sind oder nicht, scheint – auch weil sie immer nur Annäherungen und Versuche zeigen – aus meiner Sicht für *diese* Arbeit zweitrangig und sei der Beurteilung des Lesers überlassen, will doch dieses Buch in erster Linie das Nachdenken über eine mögliche Poetik der Architektur unserer Zeit anregen.

Das Buch kennt in seiner Struktur ein geheimes Vorbild, es sind die großartigen, ebenfalls auf die Literatur bezogenen „Sechs Vorschläge für das nächste Jahrtausend" Italo Calvinos[6], in welchen er dem Problem der Unmöglichkeit der linearen, wissenschaftlichen Argumentation ideeller Fragen mit der Struktur einer sozusagen ringförmig um den nicht-greifbaren Kern gelegten Kette von voneinander mehr oder weniger unabhängigen Begriffsbetrachtungen begegnet, welche in der Zusammenschau das Thema umzeichnen. Diesem Gedanken ist die Struktur der Begriffsbetrach-

5 | Köppler 2010.

6 | Calvino 1991.

tungen dieses Buches geschuldet. Das es auch hier sechs Kapitel wurden, ist dabei als eine ungeplante Laune des Zufalls zu betrachten.

In Teilen fasst diese Arbeit einen Forschungsaufenthalt in der Villa Massimo in Rom zusammen, welcher ich zu großem Dank verpflichtet bin. Weiterer, großer Dank für das Zustandekommen dieses Buches gilt meiner Frau, meiner Familie und nicht zuletzt meinem Vater, dem Architekten Dieter Köppler, welcher mir das kostbare Gut des Architektonischen durch sein Tun und das gemeinsame Bewohnen seiner Häuser so nahe brachte.

Potsdam, im August 2016
Jörn Köppler

I. Näherung

„erfindbar sind gedichte nicht
es gibt sie ohne uns irgendwo seit
irgendwo hinter sie sind dort in ewigkeit
der dichter findet das gedicht“[1]
Jan Skácel

Die Worte der Überschrift zu diesem Versuch einer Näherung an das Thema der Poetik des Baues stammen von dem tschechischen Dichter Jan Skácel. Sie beschreiben in nuce, was das Thema der Poetik bedeuten kann. Es liegt in der Natur der Sache der Poetik, dass sie uns nicht gehört. Kommt in ihr doch ein Empfinden zum Ausdruck, das von der Begegnung mit einer Wirklichkeit erzählt, welche nicht die menschengemachte ist, sondern die als eine geschöpfte sich uns zeigt. Und in einer solchen Begegnung sich etwas vermitteln mag, das man vielleicht am ehesten mit einer Nähe zu möglichen Quellen von – ja: *Wahrheit* beschreiben könnte. Was einen Begriff zugrundelegt, den von Wahrheit selbst, angesichts dessen man sich hüten sollte, diesen in einen kurzen Text zu fassen. Unter Umständen ist er, wie ein Blick in die Geschichte der Philosophie zeigt, durch gar keinen Text zu beschreiben, sondern verbleibt in dem, was im ästhetischen Zusammenhang als etwas zu Erfahrendes bezeichnet werden könnte. Deshalb auch sei zunächst ein Bild angeführt, welches, gleich dem Gedicht Skácels, vermitteln mag, worum es eigentlich geht, wenn wir über Poetik, Poesie und Wahrheit im Bauen sprechen.

1 | Zit. aus Handke, 2007, S. 372.

Es ist eine Szene aus dem 1999 in den USA erschienenen Film „American Beauty“ von Sam Mendes, die es mit allem Recht zu einiger Bekanntheit gebracht hat. Es geht dabei um eine alte, weißdurchscheinende Plastiktasche, die in einer ca. 2-minütigen Szene mit dem Wind – man könnte fast sagen: tanzt. Ein Tanz, der gemeinsam mit dem auf dem Asphaltboden liegenden Herbstlaub vor einer simplen roten Backsteinwand stattfindet. Die Szenerie lässt dabei an einen Supermarktparkplatz in einem beliebigen Vorstadt-Irgendwo denken. Der Wind bewegt die Plastiktüte in immer neuen Figuren, Spiralen, unerwarteten Drehungen, hebt sie plötzlich empor, drückt sie nieder, dies jedoch alles mit einer sanften Kraft, welche die Fragilität der durchscheinenden Plastiktasche fast zu beachten scheint. Die dabei entstehenden Bilder vermögen, untermalt durch die Musik von Thomas Newman, bereits nach kurzer Zeit der Betrachtung einen fast meditativen Sog auszuüben. Das triste Ambiente des Parkplatzes tritt mehr und mehr in den Hintergrund, im Gegenzug verwandelt sich die Hässlichkeit der weggeworfenen Plastikfolie in einen Ausdruck von Anmut, mehr noch: in fast sprechend überredende Schönheit. Und davon handelt auch der Kommentar dessen, der die Szene mit seiner Videokamera festgehalten hat, Ricky, der Sohn des Nachbars von Lester Burnham, der Hauptfigur des Films. Ricky zeigt Lesters Tochter in seinem Zimmer den Film, dabei erzählt er ihr von dessen Aufnahme:

„Das war einer von jenen Tagen, an denen es jeden Moment schneien kann und Elektrizität in der Luft liegt. Und diese Tüte hat einfach mit mir getanzt. Wie ein kleines Kind, das darum bettelt, mit mir zu spielen. 15 Minuten lang. An dem Tag ist mir klar geworden, daß hinter allen Dingen Leben steckt. Und diese unglaublich gütige Kraft, die mich wissen lassen wollte, dass es keinen Grund gibt, Angst zu haben. Nie wieder! Ein Video ist ein armseliger Ersatz, ich weiß. Aber es hilft mir, mich zu erinnern. Und ich muss mich erinnern.“

Filmstill aus „American Beauty", 1999; „Plastic Bag Scene"

„Es gibt manchmal so viel Schönheit auf der Welt, dass ich sie fast nicht ertragen kann.“, sagt schließlich Ricky, während im Wohnzimmer nebenan Lester in den letzten Stunden seines Lebens mit viel Marihuana und alten Jugendträumen im Kopf den Weg in ein anderes Leben zu beginnen versucht.[2]

Im „Tanz mit der Wirklichkeit“ – ein Begriffsbild, das auch im Zusammenhang des Umgangs der architektonischen Konstruktion mit der Schwerkraft eine Rolle spielen wird – tauscht der gebrauchte, weggeworfene Plastikbeutel sein „Für-anderes-Sein“ in ein „Für-sich-Sein“ ein. Womit eine Transformation beschrieben ist, die zum Wesenskern des Begriffes der Poetik führt.

Wie könnte man diesen Kern beschreiben? Platon definierte nach Heidegger den altgriechischen Begriff der *poiesis* als „Hervorbringen“.[3] Als Vorgang, oder auch Prozess, der beschreibt, wie etwas aus dem „Nicht-Anwesenden“ in das „Anwesen“, in die Wirklichkeit tritt.[4] Dies ist ein entscheidender Punkt. Denn der Charakter des Nicht-Anwesens, man könnte es auch als eine Vor-Anwesenheit beschreiben, impliziert, dass bereits etwas vorhanden ist, welchem die poiesis nur zur Sichtbarkeit verhilft. Im platonischen Denken ist das natürlich eine Idee, eine „Wahrheit“ in obigen Sinne also, die durch die poetische Handlung zu einer Materialisierung kommt. Dem gegenübergestellt ist in der griechischen Philosophie der Begriff *techné*, der mit „Erzeugen“ zu übersetzen wäre. Dieses Erzeugen beschreibt die spezifische menschliche Fähigkeit, Dinge herzustellen, die in der Natur in dieser Form nicht vorkommen. Ist der Kreis der poetischen Hervorbringungen also auf in der Natur implizit vorhandene Dinge beschränkt, so erweitert die Tätigkeit der techné diesen Kreis um

2 | Die Filmszene ist als „Plastic Bag Scene" z. B. auf Youtube zu finden.

3 | Platon: Symposion, 205 B, zit. aus: Heidegger 1953, S. 15.

4 | Ebd.

sogenannte artifizielle Dinge.[5] Umgekehrt betrachtet bleibt die poiesis nahe an all den Dingen, die wir selbst nicht herstellen zu vermögen, wie dem Begriff der Wahrheit selbst, als, mit Platon gesprochen, Inbegriff des göttlich-transzendenten Reiches der Ideen.

Wie aus diesen Begrifflichkeiten auch Architektur wurde, kann am Beispiel des antiken griechischen Tempels von Dodona nachgezeichnet werden. Dieser sehr frühe Tempelbau im neben Delphi wichtigsten Orakelort Griechenlands hebt sich dabei entschieden vom klassischen Tempeltypus ab. Ist dieser klassische Tempel in allererster Linie als Objekt in der Landschaft konzipiert und wurde er als solcher in der Folge zum Kanon abendländischen Bauens, so ist an dem Tempel von Dodona interessant, dass er als räumliches Objekt fast wie das invertierte Bild des klassischen Tempels mit Säulenumgang und Cella erscheint. Einer der Gründe für diese ganz andere Konzeption des Tempelentwurfes mag darin liegen, dass es in Dodona in erster Linie darum ging, ein bereits vorhandenes, als Heiliges der Landschaft und der Natur verstandenes „In-Werk-zu-Setzen", um es mit Étienne-Louis Boullée zu sagen[6], und damit hervorzubringen. Es ist dieses die „Heilige Eiche" von Dodona, an der, soviel man weiß, die Priester Dodonas aus der Bewegung der Äste und Blätter im Wind sowie dem Anflug der Vögel das Schicksal, die *moira*, herauslasen. Diese Eiche war also Grund und Anlass des Heiligtums, die Architektur folgte ihr gewissermaßen nur. In einem ersten Schritt der architektonischen

5 | Das von uns so bezeichnete „Artifizielle" zeichnet dabei die Latinisierung der altgriechischen techné nach, die als *ars* die Künstlichkeit der Handlung der techné beschreibt, welche schließlich zu den *artes*, den neuzeitlichen Künsten werden sollte. Interessanterweise sind die neuzeitlichen Künste zumindest begrifflich also viel näher in der techné begründet als in der poiesis.

6 | S. hierzu Boullées Gedanken des „mettre la nature en œuvre", der „In-Werk-Setzung der Natur", welche er als zentrales Motiv der Architektur ansah; Boullée 1790, S. 63ff.

In-Werk-Setzung der Heiligen Eiche tat man zunächst nichts weiter, als diesen Baum zu markieren, indem man eine Abgrenzung, wahrscheinlich einen Steinkreis[7], um seinen Stamm legte und neben diesen einen kleinen Tempelbau im klassischen Sinne, einen *naïskos* zur Aufnahme der Weihgeschenke errichtete. Womit, mit diesem Steinkreis, bereits ein Urbild der Architektur thematisiert wäre. Denn das Kennzeichnen eines Ortes als besonderen, eine Grenzziehung zwischen einem Außen und einem als bedeutend aufgefassten Innen, all das ist bereits in dem Legen eines schlichten Steinkreises um den Stamm der Eiche enthalten und verweist auf die Typologie des *temenos*, der Umgrenzung des heiligen Bezirks.

Was dann in der weiteren geschichtlichen Entwicklung des Bauwerkes folgt, ist im eigentlichen Sinn nur als Verfeinerung und Verdeutlichung dieses Gedankens der In-Werk-Setzung des bedeutenden Ortes der Eiche zu verstehen. Aus dem Steinkreis wurde eine den Baum rahmende sowie den Naïskos einbindende Mauer mit einem Eingang; aus der Mauer wurde an drei Seiten ein überdachter Säulengang, der mit einem den Eingang hervorhebenden *propylon* noch erweitert wurde. Die schlussendliche Form des Tempels von Dodona könnte man auch als einen über einen Zeitraum von mehreren Jahrhunderten gemeinschaftlich hergestellten, räumlich-architektonischen Rahmen bezeichnen. Ein Rahmen, der errichtet wurde, um das Heilige mit einem solchen räumlichen Zusatz zu versehen, welcher in übersetztem Sinne „Siehe“ zu sagen scheint:

„In den (ach) so seltenen Momenten, da ich von der Innenwelt der Außenwelt denke: ‚Das muß ein *Gesetz* sein!‘ (‚innen ist außen, und außen ist innen‘), da schaut mich aus der Landschaft, den Häusern wie den Feldern, ein Gott an, im Sinn des: ‚Siehst du?‘ – und einen Moment später

7 | Zu Dodona s. Dieterle 1999, hier insbes. Kap. III.1.

Freie Rekonstruktion des Tempels von Dodona, ca. 3. Jh. v. Chr.
(Köppler Türk Architekten, 2012)

ist er schon wieder ‚un-da' (Blick von Muggia Vecchia hinüber zum Val Rosandra)"[8]

Damit ist man bereits inmitten des Feldes des möglichen poetischen Ausdrucks der Architektur angekommen. Natürlich aber stellt sich nun unmittelbar die Frage, was denn, erstens, der Tempelbau von Dodona mit uns, mit der Moderne zu tun haben kann? Und zweitens: ob bzw. welche architektonischen Folgerungen sich auch für die Gegenwart daraus ableiten ließen?

Zur ersten Frage ließe sich sagen, dass der poetische Blick auf das Heilige Dodonas, auf eine solche Erfahrung von Wahrheit also, die als etwas nicht in Menschenhand Liegendes verstanden wird, dass dieser Blick auch ohne die Voraussetzung des Religiösen von seiner Relevanz nichts verloren zu haben scheint. Denn auch und vielleicht gerade in der Moderne ist die Erfahrung von ideeler, Bedeutung zeigender Wahrheit im Gegensatz zu der durch Rationalität erkennbaren physischen eben nicht zu haben als etwas durch den Menschen zu Erzeugendes, durch techné also im Sinne dieser Diskussion. Dieses käme dem Bild gleich, dass man unverblümt und vor anderen ernsthaft behauptete: „Ich bin im Besitz der Wahrheit." Dass dieses heute im Bauen wie allgemein unmöglich ist – und es dieses vielleicht immer war –, erklärt sich vor dem Hintergrund der Philosophie der Moderne dabei eigentlich von selbst. Das von Kant postulierte „Ding an sich", was übersetzt so viel hieße wie das wahre Wesen der Dinge und damit Wahrheit im Sinne des Letztgrundes der Wirklichkeit meint, entzieht sich dem begrifflichen, sprich: rational-wissenschaftlichen Denken. Und dieses im selben Maße wie die Frage nach dem Ursprung der Welt als Ganzes, als Kosmos also verstanden, die ebenfalls keine begrifflich-wis-

8 | Handke 2005, S. 197. Soweit nicht anders vermerkt, wurden sämtliche Auszeichnungen oder Hervorhebungen bei Zitaten bereits innerhalb des Originals verwendet.

Reste der Umfassungsmauer des Tempels von Dodona, ca. 3. Jh. v. Chr. mit neugepflanzter Eiche, 2007

senschaftliche Beantwortung kennt und auch nicht kennen kann. Die von Leibniz gestellte Frage, warum überhaupt *etwas* ist „und nicht *nichts*“[9], zeigt bereits nach kurzem Nachdenken die von der Philosophie Kants aufgezogene Grenze der wissenschaftlichen Erkenntnis in Bezug auf das Ideele.

Gleichzeitig aber gilt für Kant auch, dass die Vernunft des Menschen diese Fragen aufgrund ihrer für die Existenz konstituierenden Bedeutung auch „nicht abweisen kann“[10]. Enthalten ist im Denken Kants so auch eine Perspektive, diese paradoxe Monade des begrifflichen Denkens nach außen zu öffnen. Diese Perspektive ist die von Kant als ästhetische Urteilskraft bezeichnete ästhetische Erfahrung, vornehmlich jene, die wir beim Eindruck des Erhabenen und der Schönheit der Natur machen können.

In der von Kant vorgenommenen Betrachtung des ästhetischen Vermögens des Menschen ist dabei der Gedanke angelegt, dass wir im Moment der empfundenen Schönheit der geschöpften, einst *natura naturata*[11] genannten Natur, vom Einzelnen ihrer Erscheinung auf ein sinnhaftes Ganzes, einen Grund der naturhaften Wirklichkeit schließen können[12]: Alles

9 | Leibniz 1718, § 7 (Hervorhebung d. Verf.).

10 | Kant 1787 (KdrV), S. 7.

11 | Das Gegenstück zu der geschöpften Natur, der *natura naturata,* war dabei die *natura naturans*, die schöpfende Natur, s. Ulfig 1997, S. 279.

12 | S. Kant 1793 (KdU), S. 179f.: „Urtheilskraft überhaupt ist das Vermögen, das Besondere als enthalten unter dem Allgemeinen zu denken. [...] Die reflectierende Urtheilskraft, die vom Besonderen der Natur zum Allgemeinen aufzusteigen die Obliegenheit hat, bedarf also eines Princips, welches sie nicht von der Erfahrung entlehnen kann, weil es eben die Einheit aller empirischen Principien unter gleichfalls empirischen, aber höheren Principien und also die Möglichkeit der systematischen Unterordnung derselben unter einander begründen soll." Und: „Ein solches transscendentales Princip kann also die reflectierende Urtheilskraft sich nur selbst als Gesetz geben, nicht im Moment der Schönheit der als Ganzes betrachteten Natur, vom Stein, der Atmosphäre, dem Licht bis zur Pflanze und zum bewusst Lebendigen – all dieses scheint fein austariert und erklärlich wie umschlossen von nur einer Idee: dass eben dieses *Leben*, als Ideenhaftes selbst, sei. Die Annahme des jenseits von Kausalitäten liegenden Begriffes des Lebens vermag einen gerade nicht-kausal wahrnehmbaren Zusammenhang aller Dinge, belebter und unbelebter, im Moment der Schönheit der Natur herzustellen. Natur zeigt sich gewissermaßen in seiner „inneren Zweckmäßigkeit" als „Analogon des Lebens", Leben selbst als der unseren Erkenntnisvermögen zugängliche „Zweck der Natur".[13]

Dieses ist die von Kant so bezeichnete und für die moderne Ästhetik wichtig gewordene Wahrnehmung einer „Zweckmässigkeit ohne Zweck"[14] im Moment der Schönheit der Natur, was bezogen auf die Betrachtung der Gesamtheit des naturhaft Wirklichen vereinfachend gesagt in etwa mit dem Eindruck einer „Schöpfungsidee ohne Schöpfer" zu übersetzen wäre, da diese die Annahme eines Gottes, als Grund dieser Idee, gar nicht bedarf. Denn wer oder was die Idee der Entfaltung des Lebens hervorbrachte, ist gar nicht wichtig in Bezug auf den Charakter dieser Idee. Anders herum betrachtet scheinen andere, ebenfalls auf den Grund hin gedachte, das Leben in seiner Substanz jedoch schlussendlich negierende Begriffe wie z. B. Friedrich Nietzsches „Willen zur Macht" („die Natur ist Kampf"), immer einzelne Elemente des Ganzen, wie hier das schwächere Leben, durch den Charakter der subjektiven Bewertung ausschließen. Womit der gesuchte Schluss der ästhetischen Urteilskraft des

anderwärts hernehmen (weil sie sonst bestimmende Urtheilskraft sein würde), noch der Natur vorschreiben: weil die Reflexion über die Gesetze der Natur sich nach der Natur und diese sich nicht nach den Bedingungen richtet, nach welchen wir einen in Ansehung dieser ganz zufälligen Begriff von ihr zu erwerben trachten."

13 | Ebd., § 82, S. 425f.; § 65, S. 374 u. S. 376.

14 | S. hierzu ebd., S. 220.

Zusammenhanges vom Einzelnen auf das Ganze und damit auch auf eine verbindende Idee des Ganzen fehlgeht, indem die verbindende Kette des Zusammenhanges des Ganzen unterbrochen wird.

Die Erfahrung der naturhaften Schönheit hingegen lässt aufscheinen, was im Sinne der poiesis als das nicht zu Erzeugende zu bezeichnen wäre: die Hervorbringung einer Idee des Wirklichen im Ideenhaften des Lebens als dem Selbst-Seienden schlechthin. Nicht das Tote, unbelebte der Materie erscheint als Ziel und Zweck der als Kosmos verstandenen Wirklichkeit, sondern die Entfaltung des Lebens in seiner Freiheit und seiner Individualität und, was den Moment der Schönheit eben auch bezeichnet: in seiner harmonischen, friedvollen Aufeinander-Bezogenheit. Das dieser Schluss vom Einzelnen der Wirklichkeit auf ein diese Wirklichkeit konstituierend-zusammenbindendes Ganzes im Moment der Schönheit der Natur möglich ist, mag erklären, warum wir diesem Moment die mit dem Gefühl des Glücks verbundene Erfahrung von Ganzheit und Zusammenhang zuschreiben, eben weil er eine tiefe Erkenntnis über unsere Existenz bezeichnen kann.

An den in Kants Ästhetik angelegten Gedanken des möglichen Schlusses auf das Leben selbst als Grund der Wirklichkeit knüpften dann in der Folge unter anderem Arthur Schopenhauer – wenn auch mit anderen Schlussfolgerungen – mit seinem Postulat des „Willens zum Leben“[15] als Seinsgrund sowie später Albert Schweizer mit der Maxime der „Ehrfurcht vor dem Leben“[16] an. Insgesamt sollte sich von diesem Gedanken aus die vorerst letzte gesellschaftswirksame Philosophie der Neuzeit herausbilden, indem diese die Ökologie-Bewegung des ausgehenden 20. Jahrhunderts mit dem Imperativ des zu achtenden Lebens stark prägte. So schreibt Hans Jonas 1979 in seinem Hauptwerk „Das Prinzip Verantwortung“:

15 | Schopenhauer, 1844, Bd. II, S. 453.

16 | Schweizer 1923, S. 306ff.

Gerhard Richter: Seestück, 1998

„Nach dem Zeugnis des Lebens (das zu verleugnen wir, seine selbstsichtig gewordenen Sprößlinge die letzten sein sollten) sagen wir also, daß Zweck [ein Ziel] überhaupt in der Natur beheimatet ist. Und noch etwas mehr und inhaltliches können wir sagen: daß mit der Hervorbringung des Lebens die Natur wenigstens einen bestimmten Zweck kundgibt, eben das Leben selbst – was vielleicht nichts anderes heißt als die Befreiung von ‚Zweck' überhaupt zu definiten, auch subjektiv verfolgten und genossenen Zwecken."[17]

Eben diese tiefe Erkenntnis vermag Jean Giono aus poetischer Perspektive der Literatur auch an dieser Stelle schlussendlich genauer zu fassen, als dass jede rationale Erklärung der über das Rationale hinausgehenden ästhetischen Erfahrung der Wirklichkeit unter Umständen zu leisten vermag. In seiner Erzählung „Der Mann, der Bäume pflanzte" berichtet Giono von einer Wanderung, die er vor dem Ersten Weltkrieg in den provenzalischen Ausläufern der Alpen unternahm. Er beschreibt dabei eine durch Abholzung der Wälder verwüstete und trostlose Landschaft, deren Dörfer von ihren Bewohnern längst verlassen waren aufgrund der durch die fehlenden Wälder bewirkten Austrocknung der Brunnen und Quellen. In dieser Einöde traf er auf einen Schafhirten, der bei seinen täglichen Gängen über die kargen Heidewiesen jeden Tag etwa 100 Eicheln in dieser lebensfeindlichen Landschaft aussäte, die er in den entfernt liegenden, noch erhaltenen Wäldern sammelte. Mit den Jahren, in denen Giono immer wieder in dieses Gebiet zurückkehrte, zeigte sich der Erfolg der durch die Zeitläufte unbeirrten Arbeit des Hirten, indem mit den langsam wiederentstehenden Wäldern zuerst das Wasser, dann die Tiere und schließlich auch die Menschen zurückkehrten in dieses Gebiet. Nach etwa 30 Jahren war aus „der Wüste das Land Kanaan" wiedererstanden, waren die Dörfer wiederbesiedelt, die ausgetrockneten Bachläufe wassergefüllt,

17 | Jonas 1979, S. 142f.

war das Leben zurückgekehrt in einen durch Menschen einst lebensfeindlich gemachten Ort.[18]

Wenn man diese „Wahrheit der Wirklichkeit" im Moment der Schönheit der Natur als weitestmögliche Erfahrung von Wahrheit bezeichnen wollte – denn Wahrheit *ist* Wirklichkeit, Augustinus formulierte es als „verum est id quod est"[19] –, so könnte in Anknüpfung an Kants Ästhetik von hier ausgehend eine Objektivierung unserer Fragen nach Wahrheit in Bezug darauf denkbar werden, was ein sinnerfülltes Leben und richtiges Handeln sei. Oder, wiederum mit Kant formuliert: was Antworten sein könnten auf die „kanonischen Fragen der Vernunft"[20]: „Was kann ich wissen?" als Frage nach der Erkenntnis; „Was soll ich tun?" als Frage nach der Moralität und schließlich „Was darf ich hoffen?" als jene nach dem Glauben und danach, was meinem Tode folgt.

Wahr könnte für uns demnach sein, was sich als Idee kongruent zeigt mit der sich entfaltenden Idee des Lebendigen im Moment der Schönheit der Natur. Konkret hieße das, dass man beispielsweise, ohne lange nachzudenken, sicherlich die Verwandtschaft der Idee des Mitgefühls mit dem Bild eines im Waldsommerlicht liegenden, leise rauschenden Bachtales in Einklang bringen kann. Dieses Inbild von Naturschönheit aber mit einem – leider ganz aktuellen – Begriff wie beispielsweise der „verbrauchenden Embryonenforschung" in der Vorstellung in Deckung zu bringen, muss unweigerlich fehlschlagen. Was nur folgerichtig erscheint, kann doch die Hervorbringung und Beförderung des Lebens als Grundsatz moralischer Normative überhaupt bezeichnet werden. Diese ebenfalls bei Kant angelegte Form der regulativen Erkenntnis zu den Fragen der Vernunft

18 | Giono 1953, S. 85ff.

19 | „Wahr ist das, was ist." Zit. aus: Thomas von Aquin: Quaestiones disputatae de veritate, q. 1, a. 1; vgl. Enders/Szaif 2006, S. 69.

20 | Kant 1787 (KdrV), S. 522.

zu Erkenntnis, Moralität und Glauben bezeichnet für ihn schließlich die Möglichkeit, „Freiheitsbegriff und Naturbegriff“[21] als zusammengehörig auffassen zu können, vermittelt durch die objektivierende ästhetische Naturerfahrung der Schönheit. Was eine Parallele zu der eingängigen Wahrheitsdefinition Thomas von Aquins beschreibt: „veritas est adaequatio rei et intellectus“, Wahrheit ist die Übereinstimmung des erkennenden Verstandes mit der Sache.[22] Die Frage nach der Richtung unserer Existenz wird so für Momente, in jenen ephemeren der Schönheit der Natur, gleichsam transparent. In diesen Momenten vermag sich zu zeigen, was der Mensch selbst nicht zu erzeugen vermag: jene gesuchte Erfahrung von Momenten der Einsicht in eine Entfaltung von Wahrheit. Oder, anders gesagt: Zuspruch und Versicherung, dass Sinn sei, – „daß hinter allen Dingen Leben steckt.“

Und auch eine weitere Wahrheitserfahrung, eine gleichsame Erkenntnis innerer Wahrheit kann mit der ästhetischen Erfahrung der Natur verbunden sein: Die nach Kant der Schönheit kontrapunktisch entgegengesetzte Erfahrung des Erhabenen, auf die bereits hingewiesen wurde. Die Erfahrung des Erhabenen geht dabei von Erscheinungen der Natur aus, die den in der Erfahrung der Schönheit noch möglichen Schluss auf ein sinnhaftes Ganzes unmöglich machen. Eine stürmende See unter drohendschwarzem Himmel, wütende, Schiffe verschlingende Wellen, Erdbeben, Vulkanausbrüche, Ruinen menschlicher Kultur – all das bezeichnet eine im 18. Jahrhundert nicht ohne Zufall künstlerisch-literarisch oft thematisierte Modalität der Natur, die dem Menschen als *memento mori* seine Begrenztheit und schlussendlich seine Endlich- und Sterblichkeit vor Augen führt. Mit der Aufklärung und dem abnehmenden Maß des Glaubens

21 | Kant 1793 (KdU), S. 174ff.

22 | Thomas von Aquin: Quaestiones disputatae de veritate, q. 1., a. 1; von Thomas von Aquin an dieser Stelle Isaac Israeli zugeschrieben.

Gerhard Richter: Monstein, 1981

an religiöse Versöhnungsvorstellungen scheint dem modernen Menschen dabei geradezu schockartig bewusst zu werden, dass er allein, ohne schützenden Gott, dieser in letzter Konsequenz unausweichlichen Macht der Natur über seine Existenz ausgeliefert ist. Woran auch moderne Medizin, Wissenschaft und Technik nichts zu ändern vermögen, auch wenn sie in sozusagen deformierte Versöhnungsangebote einer nur instrumentell verstandenen Moderne umdefiniert werden sollten. Kant aber bemerkte eine ganz andere Form der möglichen Reaktion auf diesen Schock des Existenziellen, er sah in der Vernunft und vor allem in der moralischen Begabung des Menschen etwas in uns, das die von der Natur im Moment des Erhabenen ausgesprochene Drohung der Endlichkeit wenn auch nicht aufzuheben, jedoch andersherum ein in uns liegendes, nicht zu Zerstörendes zu definieren vermag, das den Menschen an diesem Punkt als von der Natur unabhängig zu denken ermöglicht. In der Erkenntnis des unverlierbaren Kern unseres Selbst vermögen wir unsere Identität, unser nur uns gehörendes Selbst zu erkennen, welches sich zugleich an anderer Stelle verknüpft zeigt mit jener Natur vor uns, die uns den „Wink“[23] der Bedeutung aus versöhnenden Momenten der Schönheit vermittelte. Diesen die Erfahrung des Erhabenen charakterisierenden Erkenntnismoment formuliert Kant in der bekannten Beschreibung des Menschen als „Bürger zweier Welten“, die hier, da sie die Erfahrung des Erhabenen in toto zu fassen vermag, in ganzer Länge zitiert sei:

„Zwei Dinge erfüllen das Gemüth mit immer neuer und zunehmender Bewunderung und Ehrfurcht, je öfter und anhaltender sich das Nachdenken damit beschäftigt: *der bestirnte Himmel über mir und das moralische Gesetz in mir.* Beide darf ich nicht als in Dunkelheiten verhüllt, oder im Überschwenglichen, außer meinem Gesichtskreise suchen und bloß vermuthen; ich sehe sie vor mir und verknüpfe sie unmittelbar mit dem Be-

23 | S. hierzu Kant 1793 (KdU), S. 299f.

wußtsein meiner Existenz. Das erste fängt von dem Platze an, den ich in der äußern Sinnenwelt einnehme, und erweitert die Verknüpfung, darin ich stehe, ins unabsehlich Große mit Welten und Systemen von Systemen, überdem noch in grenzenlose Zeiten ihrer periodischen Bewegung, deren Anfang und Fortdauer. Das zweite fängt von meinem unsichtbaren Selbst, meiner Persönlichkeit, an und stellt mich in einer Welt dar, die wahre Unendlichkeit hat, aber nur dem Verstande spürbar ist, und mit welcher (dadurch aber auch zugleich mit allen jenen sichtbaren Welten) ich mich nicht wie dort in bloß zufälliger, sondern allgemeiner und nothwendiger Verknüpfung erkenne. Der erstere Anblick einer zahllosen Weltenmenge vernichtet gleichsam meine Wichtigkeit, als eines *thierischen Geschöpfs*, das die Materie, daraus es ward, dem Planeten (einem bloßen Punkt im Weltall) wieder zurückgeben muß, nachdem es eine kurze Zeit (man weiß nicht wie) mit Lebenskraft versehen gewesen. Der zweite erhebt dagegen meinen Werth, als einer *Intelligenz*, unendlich durch meine Persönlichkeit, in welcher das moralische Gesetz mir ein von der Thierheit und selbst von der ganzen Sinnenwelt unabhängiges Leben offenbart, wenigstens so viel sich aus der zweckmäßigen Bestimmung meines Daseins durch dieses Gesetz, welche nicht auf Bedingungen und Grenzen dieses Lebens eingeschränkt ist, sondern ins Unendliche geht, abnehmen läßt."[24]

Zwei Wahrheitsebenen vermögen sich also in der ästhetischen Erfahrung der Natur zu vermitteln: Je eine vor mir im Moment der Schönheit sowie eine in mir im Moment des Erhabenen. Aufeinander bezogen sind sie in der Form, dass die in der Erfahrung des Erhabenen gewonnene, konstituierend-subjektive Erfahrung des Selbst im Sinne seiner auf Erkenntnis, Moralität und Glauben gerichteten Identität sich im Moment der Erfahrung der Schönheit objektivieren kann. Zusammengenommen ermöglichen sie das, was zu finden jeden reflektierenden Menschen umtreibt: einen Blick

24 | Kant 1788 (KdpV) S. 161f.

in das Rätsel seines Daseins. Das war gemeint, wenn eingangs die „Nähe zu möglichen Quellen von Wahrheit" beschrieben wurde. „Wahrheit ist, wodurch sich das zeigt, was ist."[25] – das ebenfalls von Augustinus geprägte Begriffsbild lässt sich so als Beschreibung des Kerns der miteinander verwobenen inneren und äußeren Wahrheitserfahrungen verstehen.

Auf beide Wahrheitsmomente der Natur, welche die Erfahrung der Schönheit oder des Erhabenen evozieren, ließe sich nun erinnernd verweisen in dem Bewusstsein, dass diese Wahrheiten eben keine sind, die als Vorstellung des Menschen dem subjektiven Wollen des „So *soll* es sein" ausgesetzt sind. Womit man sich inmitten der zweiten gestellten Frage befindet, jener nach den für die Gegenwart ableitbaren architektonischen Folgerungen aus dem Archetypus des Tempelentwurfes von Dodona. Wenn also statt dem Wink der Götter in den Bewegungen der Heiligen Eiche das Naturhafte des Baumes in Momenten der erfahrenen Schönheit wie des Erhabenen auch in unserer modernen Gegenwart Objektivierungen unserer Fragen nach Sinn und Wahrheit enthielte, so kann die poetische Bauidee Dodonas als gar nicht aktuell genug bezeichnet werde. Liegt doch die enge Verwandtschaft der analogen Perspektive auf Natur als dem Inbild des Wirklichen und damit von sich zeigender Wahrheit auf der Hand. Das Poetische im Werk der Architektur könnte auch für uns bedeuten, dass dieses Werk nicht selbst, sprich: der durch dieses Werk sprechende Architekt Wahrheit verkünde. Sondern das Werk wäre im Sinne Adornos nur der „stumme Hinweis auf das, was schön sei", wie zugleich Ausdruck des Widerstehenden der Erfahrungen des Disparaten. Dieses könnte man als eine *definitio essentialis* eines poetisch aufgefassten Bauens bezeichnen: Sein möglicher Kernsatz wäre das verweisend-erinnernde Hervorbringen der Erfahrung einer „Wahrheit des Wirklichen" durch das architektonische Werk.

25 | Augustinus: De vera religione, c 36, 230, 15f., zit. aus: Enders/Szaif 2006, S. 134.

Womit auch gesagt wäre, inwiefern die Poetik der Architektur in ihrer Konsequenz keine rein fachdiziplinäre Angelegenheit ist. Die gesellschaftliche Bedeutung der Einsicht, dass Wahrheit und Wahrheiten nicht menschengemacht zu haben sind, sondern immer den Versuch implizieren, über uns hinaus zu schauen nach dem Wirklichen, dieses klingt vor dem Hintergrund aller sich verschärfenden und miteinander zusammenhängenden gesellschaftlichen Großkrisen wie der Klima-, der Finanz- und der Migrationskrise zwar fast wie eine wohlfeile Selbstverständlichkeit. Betrachtet man allerdings das schon fast obsessive Beharren des bestimmenden kommunikativen Mainstreams der modernen Gesellschaft auf dem technisch-wissenschaftlichen Denken als alleinige Referenz in Fragen dessen, was wir für wahr betrachten, so mag ein Hinweis auf denkbare Auswege aus dieser irrationalen Verengung des Denkens durchaus lohnenswert erscheinen. Und einer jener Auswege vielleicht in einem, wenn man so sagen kann: poetisch aufgefassten Erkennen läge.

Dass ein solcher Hinweis von der Architektur ausgehen kann, da sie als Disziplin des Entwurfes einer gleichsam „zweiten Wirklichkeit" immer nahe an Fragen der Wahrheit im Sinne des Wirklichen ist, dieses sollte natürlich für uns Architekten von besonderem Interesse sein.

Bleiben wir also beim Architektonischen. In der Folge sollen im weitesten Sinne architektonische Begriffe betrachtet werden, die einem poetisch gedachten Bauen nahe stehen könnten, bzw. sollen diese aus der spezifischen Perspektive poetischen Architekturdenkens angesehen werden. Dabei soll keine wissenschaftliche Theorie einer Architektur des Poetischen formuliert werden, was vor dem Hintergrund des Gesagten nur widersinnig erschiene. Die Absicht dieser Betrachtungen ist vielmehr, einen solchen begrifflichen Rahmen aufzuspannen, der den Anspruch auf Vollständigkeit nicht erheben will, der aber doch präzise genug ist, ein Feld zu definieren, in welchem sich der Gedanke einer Poetik der Architektur frei bewegen mag.

2. Konstruktion

„Und das ist ja auch ein Merkmal von großer Kunst, daß sie [...] vollkommen eingeht, in den Zusammenhang eingeht, fast verschwindet in der Natur. Ein griechischer Tempel, der sagt imgrunde, daß der Olivenbaum, der danebensteht, noch viel schöner ist als er, und der Olivenbaum umgekehrt sagt, daß der Tempel noch schöner ist als er."[1]
Joseph Beuys

Als einen ersten, wichtigen Begriff im Zusammenhang einer gedachten Poetik des Bauens könnte man jenen der Konstruktion nennen. Kommt doch in der Konstruktion, einem Urthema des Architektonischen, kein gleichnishaftes oder auch allegorisches, sondern ein wirkliches und damit latent poetisches Verhältnis des Menschen zur Natur zum Ausdruck, indem der bauende Mensch über das Mittel der Konstruktion mit den Bedingungen der natürlichen Schwerkraft umzugehen versucht. Mit jenem Aspekt des Wirklichen also, dass gemäß dieser Schwerkraft alles auf dieser Welt *fällt*. Mit der Konstruktion ist dem Architekten jedoch ein Element gegeben, um dem Fallen ein Halten entgegenzusetzen. Man könnte in diesem Zusammenhang von einer Auseinandersetzung der technischen Konstruktion, der techné also des Bauenden mit der Wirklichkeit sprechen, dessen ästhetischer Ausdruck aus diesem Grund bevorzugt in das Feld des

1 | Zit. aus: Harlan 1992, S. 45.

Poetischen reichen kann, dieses aber keinesfalls muss. Wann aber ersteres das poetische Bild sich einstellt, und wann dieser Gesamteindruck eher in die technische Gegenrichtung weist, das beschreibt Romano Guardini in seinen „Briefen vom Comer See". Eine Schrift im Übrigen, die, wie der Theologe und Philosoph als Person überhaupt, Mies van der Rohe in seinem Architekturdenken ab etwa Mitte der 1920er Jahre zentral zu beeinflussen vermochte.[2] Guardini stellte in den Briefen in Bezug auf das Wesen der modernen Technik zwei Bilder gegenüber, welche tief in die Diskussion um das Technische und das Poetische weisen.[3]

Zum einen beschreibt er das Bild des Segelbootes, mit welchem der Mensch mit den Kräften der Natur – hier nicht der Schwerkraft, sondern der Windkraft – in eine Form des mit der beschriebenen Szene des Films „American Beauty" ganz verwandten Tanzes tritt. Die Windkraft ist dabei allerdings nicht so weit beherrscht, dass sie unsichtbar wird, vielmehr bleibt sie wahrnehmbar präsent. Sie ist das geblähte Segel, sie wird ausbalanciert und kann damit nachempfunden werden. Das heißt, sie kann im beschriebenen Sinne reflektiert werden, als ästhetische Erfahrung des Wirklichen der Natur. Dabei kann das Segelboot nicht einfach immer geradeaus fahren, dieses hängt von der vorherrschenden Windrichtung ab, im Zweifel muss es kreuzen. Jeder nun weiß, und das ist die Quintessenz des poetischen Ausdrucks, wie schön es ist, Segelbooten bei diesem Kreuzen zuzuschauen. Es vermag, sitzt man an einem hellen Sommertag am Wasser, etwas auszustrahlen, was man vielleicht mit Innigkeit, oder auch Überzeitlichkeit beschreiben könnte.

Dann beschreibt Guardini das Gegenbild, welches in naheliegender Weise das Motorboot ist. Mit diesem sind die beim Bootsfahren auftretenden Kräfte der Natur fast gänzlich beherrscht. Der Fahrer legt den Hebel

2 | S. hierzu Neumeyer 1986, Kap. VI.

3 | S. Guardini 1925, S. 19ff.

um und schneidet, von, mit dem Segelboot verglichen, immenser Kraft angetrieben, durch das Wasser. Ist aber dieses Bild noch schön zu nennen? Ist der Ausdruck dieser eher einsamen Fahrt ein poetischer? Die Antwort liegt auf der Hand: Vom vorgestellten Platz am Ufer, von dem aus man die kreuzenden Segelboote betrachtete, wird man angesichts des Lärms, der ein technischer Ausdruck par excellence ist, allen stillen und seltenen Sinn für die Reflexion schnell zusammenpacken und das Weite suchen.

Der Schritt von diesem Beispiel in das Konkrete der Konstruktion ist denkbar naheliegend: Anhand des alltäglichen Elementes eines Fenstersturzes kann man beispielhaft zeigen, wie mit der Wahl der Konstruktionsform an diesem immens ausdruckstarken Bauteil der ästhetische Ausdruck die ganze Bandbreite des technischen bis hin zum poetischen Ausdruck ausfüllen kann. Mit der ganzen Vielzahl von vorstellbaren Zwischentönen und feinen Nuancen. Man könnte damit beginnen, bei einem heutigen Bauprojekt einen römischen Rundbogen über das Fenster mauern zu lassen. Was geschieht? Heute wissen wir, dass der Rundbogen nicht der Momentenlinie im Sturz entspricht und so jedes nicht-zugfeste Material, z. B. der Backstein-Mörtelverband, hier ungünstig beansprucht wird. Ist der Ausdruck des römischen Bogens nun poetisch zu nennen?

Die Antwort auf diese Frage scheint zeitgebunden zu sein. Für die Menschen der römische Antike mag er durchaus das Poetische zum Ausdruck gebracht haben, verstanden als objektivierender Blick in das Wirkliche der Natur, da sie die Momentenlinie wohl noch nicht kannten. Für unsere Gegenwart aber stellt die Form des Rundbogens nicht mehr das Wirkliche unseres Wissens über die Natur dar. Was vielleicht auch den Grund dafür liefern mag, dass bei der Betrachtung eines für ein gegenwärtiges Projekt gemauerten römischen Rundbogens sich ein gewisser Zwang einstellt – etwas historistisch Gewolltes. Das bedeutet natürlich nicht, dass wir in einem historischen Rundbogen nicht auch Poetisches erkennen können. Aber schauen wir hier nicht zuerst das Historische selbst an, die Geschichte der architektonischen Auseinandersetzung des Menschen mit dem Wirklichen?

Das scheint sich zu ändern, nimmt man die Momentenlinie als Bogenlinie, beispielsweise im Parabelbogen. Oder, noch mehr, man mauert einen scheitrechten Bogen über der Fensteröffnung, dessen Untersicht nahezu orthogonal ist. Bleibt das keilförmig-hochgestellte Mauerwerk in der Fassade dabei sichtbar, so entsteht hier ein Bild fast greifbarer – da wirklicher – Spannung, indem der Ziegel in einer konstruktiven Weise angewandt ist, die an die Grenze dessen geht, was man mit ihm eigentlich noch machen kann. Zumal, wenn man mit der Spannweite des Sturzes an das Maximum von circa 1,40 m herankommt. Was bewirkt dieses ästhetisch? Wird nicht durch das An-die-Grenze-Bringen der Ziegelkonstruktion die bezeichnete Grundwahrheit des Wirklichen der Schwerkraft, dass in physischer Hinsicht alles zu fallen droht, besonders sichtbar? Und wird damit auch, wie im Gegenzug, das Halten der Konstruktion stärker bewusst, die Fähigkeit des Menschen also, diesem Fallen etwas entgegenzusetzen durch sein Wissen wie durch sein Wollen? Vielleicht ist es eben diese wechselseitig sichtbar werdende Balance, welche die ästhetische Spannung eines gemauerten, scheitrechten Bogens begründen mag. In ihm wird, analog zum Bild des Segelbootes, die Natur in Form der Schwerkraft nicht überwunden, sondern es stellt sich vielmehr so etwas wie eine fragile Balance zwischen Mensch und Wirklichkeit ein, in der beide, wenn man so sagen kann, ihren Raum einnehmen. Anders gesagt, der Mensch kommt in dieser Balance zu sich selbst: Frei in seiner Fähigkeit, Raum zu konstruieren; gebunden, oder vielleicht besser: verbunden in der Bezogenheit auf die naturhafte Wirklichkeit.

Der doppelte und über das rein materielle hinausgehende Sinn des möglichen Ausdrucks einer architektonischen Konstruktion drängt sich dabei förmlich auf und erweitert so dieses Spiel der Kräfte um die entscheidende Dimension von Bedeutung: Denn gilt nicht gleiches auch für uns selbst, unser Leben? Als mögliches freies, aber eben auch endliches

Rundbogen an einem Mietshaus des späten 19. Jhs., Potsdam

Leben – welches schlussendlich auch fallen wird, aber getragen sein kann von der Findung und Erfindung des eigenen Lebensweges? Eben weil alles beweglich und nur ephemer erscheint in unserem Leben und wir unweigerlich nach dem fragen, was uns hält, deshalb kann die architektonische Konstruktion zu einem so wichtigen Zeichen für uns werden, diesem Halten nicht nur Ausdruck, sondern Wirklichkeit zu verleihen. Der konstruktive Halt des Bauwerks ermöglicht so die dem Leben eigene Bewegung: als Freiheit, nicht als Umherirren. Wäre dieses als poetische Parabel auf unser Dasein zu verstehen, so mag nachvollziehbar werden, warum uns auch heute noch das Bild eines mit einem scheitrechten Bogen überwölbten Fensters wie vielleicht jede das Fallen sichtbar ausbalancierende Konstruktion zu berühren, vielleicht sogar zu trösten vermag. Was dagegen ein hinter einer Fassadenverkleidung aus Kunststoff versteckter Stahlbetonsturz ästhetisch zum Ausdruck bringt, muss hier nicht weiter erörtert werden. Es erzählt sich vor dem Hintergrund des Gesagten wohl von ganz allein.

Heinrich von Kleist hat diesen Moment des Trostes der architektonischen Konstruktion in unnachahmlicher Weise in dem später so bezeichneten „Bogengleichnis“ festgehalten. Kleist hielt sich im Herbst 1800 in Würzburg auf, die Gründe dafür ließ er seinen Vertrauten gegenüber bewusst im Dunkeln. Von dort schrieb er an seine Verlobte Wilhelmine von Zenge und berichtete ihr von seinen Gedanken, die ihn am Abend vor der wie auch immer gearteten, aus der Sicht Kleists jedoch existenziell bedrohlichen Entscheidung am Folgetag bewegten:

„Ich ging an jenem Abend vor dem wichtigsten Tage meines Lebens in Würzburg spazieren. Als die Sonne herabsank, war es mir, als ob mein Glück unterginge. Mich schauerte, wenn ich dachte, daß ich vielleicht von allem scheiden müßte, von allem, was mir teuer ist. Da ging ich, in mich gekehrt, durch das gewölbte Tor, sinnend zurück in die Stadt. Warum, dachte ich, sinkt wohl das Gewölbe nicht ein, da es doch keine Stütze hat?“

Scheitrechter Bogen an Neuer Wache, Berlin
Karl Friedrich Schinkel, 1818

Hierauf gibt Kleist zunächst einmal die völlig korrekte statisch-technische Erklärung: „Es steht, antwortete ich, *weil alle Steine auf einmal einstürzen wollen.*“ Darauf nun folgt die entscheidende Wende, die so vieles sagt über Architektur, ihre Poetik und was sie bedeuten kann. Er sagt:

„– und ich zog aus diesem Gedanken einen unbeschreiblich erquickenden Trost, der mir bis zu dem entscheidenden Augenblicke immer mit der Hoffnung zur Seite stand, daß auch ich mich halten würde, wenn alles mich sinken läßt. Das [...] würde mir kein Buch gesagt haben, und das nenne ich recht eigentlich lernen von der Natur."[4]

Die Schwerkraft und der konstruktive Umgang mit ihr kann so gesehen sicherlich zu Recht als eines der Urthemen der Architektur bezeichnet werden. Und dieses noch aus einem weiteren Grund. Wenn man in aller Kürze im Sinne der „Architekturlehre“ Bruno Tauts[5] zusammenfassen sollte, was Architektur sei (was man vor Bauherren auch oft und völlig zu Recht gefordert ist zu tun), könnte man einen – wenn auch naturgemäß vereinfachenden – Versuch der Veranschaulichung vielleicht so gestalten: Man nimmt eine Platte aus Stein, Holz oder ähnlichem, hebt sie hoch und lässt sie vom gehaltenen Punkt aus fallen; was hier in scheinbar banaler Form sichtbar wird, ist zunächst nichts mehr als die bezeichnete Wirklichkeit des „alles fällt“, in Form der auf der Erde permanent auf uns einwirkenden Schwerkraft. Stellt man jedoch unter die Platte, die als das Modell eines Daches zu verstehen wäre, Stützen und hält sie damit oben, so entsteht zwischen ihr und dem Boden das, was das Ziel aller Architektur wäre: Raum. Durch das Halten entsteht ein Raum, den es so vorher in der Wirklichkeit nicht gab und den wir nach und mit unseren Ideen

4 | Kleist 1800, S. 1249.

5 | Die zwischen 1936 und 1937 geschriebene „Architekturlehre" Tauts beginnt mit der Frage: „Was ist Architektur?", s. Taut 1937, S. 36.

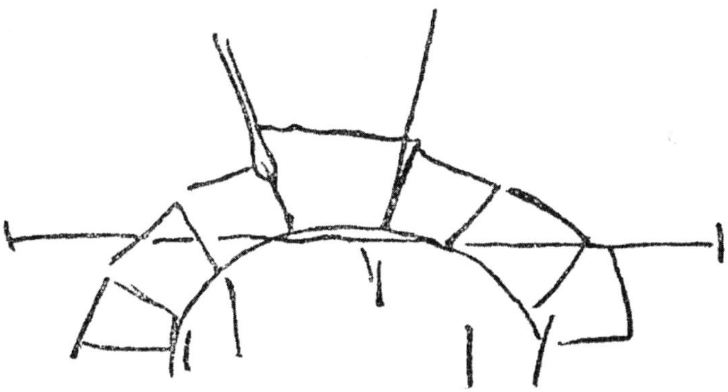

Heinrich von Kleist: Bogenskizze aus dem Brief an Wilhelmine von Zenge, 1800

formen können. Was den so fundamental wichtigen Moment der Freiheit beschreibt, welcher der Erfahrung des Erhabenen nahe steht. Unter diesem Aspekt betrachtet, erscheint auch nachvollziehbar, warum fast alle geschichtliche Stilformen und Ornamentordnungen der Architektur sich an Säule und Balken, bzw. generell an den Traggliedern des Baukörpers entwickelten. An den entscheidenden, konstruktiven Punkten der Überbrückung von Spannweiten und der Abtragung von Lasten also, durch die jene humane Perspektive der Freiheit über die Raumbildung möglich wird. Dieses ist der Fall bei den antiken Säulenordnungen mit ihren jeweiligen Kapitälformen, den gotischen Konstruktionsformen des Spitzbogens und der Gewölbeausbildungen, sowie den Antiken-Modulationen der Renaissance und des Barocks.

Eine Aktualisierung der beschriebenen Themen für das moderne Bauen ist hingegen paradigmatisch in der Architektur Mies van der Rohes zu finden. Eine Architektur, die in ihrer Betonung der Konstruktion geradezu überzeitlich, ja fast ursprünglich im Sinne des Wortes wirkt. Mies erweiterte den Begriff der Konstruktion um den der „Struktur", über die „wir eine wirkliche Fühlung mit der Essenz unserer Zivilisation haben können."[6] Über die konstruktive Struktur des Bauwerks reflektierte er in seinen Werken, wovon hier die Rede sein soll: Die Suche nach dem jenseits von Zeit und Moden liegenden, überzeitlichen Kern des Bauens, seinem poetischen Ausdruck von Wahrheit. So formulierte Mies in seiner Antrittsrede am Armour Institute of Technology in Chicago:

„Baukunst wurzelt in ihren einfachsten Gestaltungen ganz im Zweckhaften. Reicht aber hinaus über alle Wertstufen bis in den Bezirk geistigen

6 | „Ich will ja eine Struktur, strukturelle Architektur haben, weil ich finde, das ist das Einzige, wo wir eine wirkliche Fühlung mit der Essenz unserer Zivilisation haben können." (Mies van der Rohe 1964)

Seins, in das Gebiet des Sinnhaften, der Sphäre der reinen Kunst. [...] So wie wir uns eine Kenntnis der Materialien verschaffen – so wie wir die Natur unserer Zwecke kennenlernen wollen –, so wollen wir auch den geistigen Ort kennenlernen, in dem wir stehen. [...] Wir werden das organische Ordnungsprinzip deutlich machen als eine Sinn- und Maßbestimmung der Teile und ihres Verhältnisses zum Ganzen. Wir wollen [...] eine Ordnung, die jedem Ding seinen Platz gibt. Und wir wollen jedem Ding das geben, was ihm zukommt, seinem Wesen nach. Das wollen wir tun auf eine so vollkommene Weise, daß die Welt unserer Schöpfungen von innen her zu blühen beginnt. Mehr wollen wir nicht. Mehr aber können wir nicht. Durch nichts wird Ziel und Sinn unserer Arbeit mehr erschlossen als durch das tiefe Wort von St. Augustin: ‚Das Schöne ist der Glanz des Wahren!'."[7]

In Mies' Entwurf der Neuen Nationalgalerie in Berlin zeigt sich nun sowohl der doppelsinnige Ausdruck des „Halts" der Konstruktion als auch ihr freiheitsbildend-räumlicher Zug verkörpert. Steht man unter der von nur acht Stützen gehaltenen, schweren Dachplatte aus dunklem Stahl, so vermittelt sich das räumliche Freiheitsmoment aus der Möglichkeit der architektonischen Konstruktion geradezu körperlich. Die acht Stahlstützen stemmen den unter der Dachplatte entstehenden Raum förmlich frei, wobei die Reduktion auf nur acht Stützen sowie die frei auskragenden Ecken des Daches eine ganz ähnliche Spannung erzeugen, die auch für den scheitrechten Bogen beschrieben war, jene Ausbalancierung des „fast Fallenden" und „noch Haltenden". Dieses begleitend, verkörpern die Stahlstützen in ihrer formalen Erinnerung der antiken Säule auch die Geschichtlichkeit der menschlichen Suche nach Freiheit von unreflektierter Naturwüchsigkeit. Dabei sind die Anklänge der Stahlstützen an die antike Säule aus den Bedingungen des modernen Stahlbaus heraus gedacht, was als Meisterstück architektonischen Denkens gar nicht hoch

7 | Mies van der Rohe 1938, S. 380f.

genug eingeschätzt werden kann. Die Entasis erklärt sich statisch aus der unteren Einspannung der Säule; die Kanneluren aus der hinsichtlich der Spannungsverteilung sinnvollen Konzentration des Materiales an der Außenseite der Säule, was zur Struktur der Kreuzstahlstütze aus T-Trägern führte; das Kapitäl schließlich aus dem gelenkigen Auflager der Dachplatte am Kopfpunkt der Säule. Der Raum selbst aber zeigt sich im Sinne dieser Diskussion als poetisch bestimmt nicht durch sich selbst, womit der potentielle Freiheitsbegriff des Raumes in eine reine Behauptung kippen würde. Vielmehr scheint seine ganze Spannung bestimmt zu sein durch die existenziellen Fragen nach Bedeutung, nach der geistigen Dimension unseres Daseins, die in den von Kant formulierten Fragen der Vernunft nach Erkenntnis, Moralität und Glauben bezeichnet war.[8]

Die architektonische Konstruktion bzw. der durch sie geschöpfte Raum vermögen auf diese Fragen natürlich auch keine Antworten zu geben. Aber ihr poetischer Verweis, dass wir die Antworten nicht in uns selbst technisch-rational erzeugen können, sondern dass die nicht-menschengemachte Wirklichkeit darüber entscheidet, welches eine als Regulativ erfahrene Antwort und welches eine selbstaufgesagte Illusion wäre, diesen Verweis vermögen sie auszusprechen. Schönheit selbst, als Ergebnis einer poetisch aufgefassten Konstruktion, scheint sich in dieser auch nur dann zu zeigen, wenn die Konstruktion und der mit ihr verbundene Raum auf das weisen, was Schönheit, als „Glanz des Wahren“ und damit als Moment von Erkenntnis hervorbrachte: Natur und das Sichtbar-Werden des Lebendigen als erfahrener Zusammenhang des Ganzen.

Und eben dieses scheint Mies im Blick gehabt zu haben mit der erst auf den zweiten Blick sichtbar werdenden, saumartigen Umpflanzung des Plateaus der oberen Halle auf der Westseite sowie mit dem raumdramaturgisch zentral gelegenen Patiogarten im Untergeschoss. In einer Fotocollage des Entwurfes ist es gar ein dichter Wald, fast Wildnis, die hinter der

8 | S. Kapitel 1, „Näherung".

Mies van der Rohe: Neue Nationalgalerie Berlin, 1968

Wand des Patiogartens im Untergeschoss auftaucht. Natur erscheint hier als das große Gegenüber, in welche unsere Bemühungen nach Objektivität gerichtet sein mögen.

Steht man an einem späten Sommernachmittag unter dem großen Dachträgerrost und schaut nach Westen, wo der beschriebene Baumhain das Gelände umfasst, und die Strahlen der tiefstehenden Sonne langsam, wie geführt von der Dachlinie den Raum der Halle und des Plateaus ausleuchten, so scheint es, dass die Architektur der Neuen Nationalgalerie, die verkörperte, vornehme Anstrengung der raumbildenden Konstruktion so erst zu sich kommt, in der Komplettierung mit dem perspektivisch in-Werk-gesetzten Anderen inmitten des Kulturausdrucks unserer Selbst: der Stadt. Der Widerschein des Lichtes auf dem Granit der Bodenplatten, die durch Reflexion sich erhellenden Trägerrostjoche, einem Firmament gleich, die zart im Wind bewegten Akazienkronen des unteren Patiogartens, das Schattenspiel ihrer Blätter auf der langgestreckten Brüstungsmauer – die Architektur abgezogen dieser Erscheinungsformen der Natur könnte sich allein gar nicht so sprechend zeigen von jener geistigen Dimension unseres Lebens, jenem „Gebiet des Sinnhaften“, in dem „die Welt unserer Schöpfungen von innen her zu blühen beginnt“, wie Mies sagt.

Die Schönheit eines architektonischen Werks ist, im Sinne der poiesis, vielleicht nur als Erinnerung eines Momentes der Erfahrung von Wahrheit zu bezeichnen, was an den antiken Mythos der Herkunft der Künste in Gestalt der neun Musen denken lässt, welche die Töchter des Zeus und der Mnemosyne waren, der Göttin der Erinnerung. Wartend auf Momente der Wiederholung, mag diese in Konstruktion und Raum des architektonischen Werks eingeschriebene Erinnerung sich dann erneut mit Momenten der Schönheit der naturhaften Wirklichkeit zu treffen und damit zu objektivieren, womit der Kreis der poiesis mit dem altgriechischen Begriff

Mies van der Rohe: Neue Nationalgalerie Berlin, 1968;
Entwurfscollage, Blick in den Patio im Untergeschoss

des *kalon*, dem Schönen als Zeichen des Guten, sich schließt.[9] Das poetische Werk der Architektur wäre im Rekurs auf den Tempel von Dodona also imaginär zu verstehen als ein um das Ereignis der Schönheit gelegter Steinkreis, der auch bleibt, wenn der vergängliche Augenblick längst vorübergezogen ist.

Und ganz Ähnliches scheint auch für den übertragenen Ausdruck des Momentes des Erhabenen in Konstruktion und Raum zu gelten. Jenen Identitätsmoment, in welchem das Selbst sich des Unzerstörbaren der moralischen Handlung bewusst wurde, im Widerstand gegen die gewaltsam das Leben bedrohende, nicht-sinnhaft sich zeigende Natur. Der ästhetische Ausdruck der Erfahrung des Erhabenen im architektonischen Werk scheint nur dann sich einzustellen, wenn zum einen, wiederum der Idee des Poetischen folgend, der Moment des Widerstehens bezogen ist auf das, was allein die Drohung von existenziellem Nicht-Sinn auszusprechen vermag, das Wirkliche und nicht das Gemachte, hier also wie beschrieben auf die Schwerkraft und den bezeichneten Moment des Fallens. Zum anderen, wenn zugleich das Moralische, als Gehalt der Erfahrung des Erhabenen, zum Ziel des durch die Konstruktion hergestellten Raumes gesetzt wird. Die Neue Nationalgalerie würde sicherlich, neben ihrer Schönheit, eben diesen Moment des Erhabenen nicht so treffend zum Ausdruck bringen können, wenn der Raum der oberen, gläsernen Halle nicht der Kunst gewidmet wäre. Was bereits bei Schinkels Altem Museum im Zentrum Berlins das zentrale räumlich-inhaltliche Motiv war, die Kunstbetrachtung als ein Weg der Aufklärung zum delphischen „Erkenne Dich selbst“[10], – dieses erst scheint den Ausdruck der Erfahrung des Erhabenen einer Konstruktion zu ermöglichen, indem sie ihren Ausdruck legitimiert.

---

9 | S. hierzu Spaemann 2011, S. 155.

10 | *gnothi seayton*, „Erkenne dich selbst", war neben dem *meden agan* („Nichts im Übermaß") eine der Inschriften am Apollon-Tempel in Delphi.

Ludwig Wittgenstein mit Paul Engelmann: Haus Wittgenstein in Wien, 1928

Die Säulenfront an Schinkels Museum sowie die acht Kreuzstützen unter dem mächtigen Dach der Neuen Nationalgalerie sind eine Form der fragil zu verstehenden Verherrlichung, auf die Wittgenstein in seinen Aufzeichnungen wohl absah, wenn er schrieb: „Architektur verewigt und verherrlicht etwas. Darum kann es Architektur nicht geben, wo nichts zu verherrlichen ist."[11]

Ist die Perspektive einer solchen „Verherrlichung" die Kunst und der reflektierende Umgang mit Ihr, so wäre zugleich die Perspektive des Fragens nach Bedeutung sowie, als Teilmenge dieses Fragens, die Frage „Was soll ich tun?" latent in den Raum des architektonischen Werks eingeschrieben. Denn das die Künste immer eine Reflexion über das Wirkliche und dessen Bedeutung darstellten und das – trotz aller Marktkonformitätsbestrebungen der Gegenwart – natürlich auch heute noch vermögen, ist ein fast zu großer Allgemeinplatz, um ihn hier weiter auszuführen. Das aber eine funktionale Bestimmung der Konstruktion im Sinne der In-Werk-Setzung des Bedeutsamen ohne eine diesem angemessene formale Ausprägung hingegen nichts ist – et vice versa –, dieses zeigt sich ebenfalls am Ort des Alten Museums in Berlin, wo gegenwärtig diesem gegenüber die Rekonstruktion des preußischen Stadtschlosses gebaut wird. Lässt man die Frage nach der grundsätzlichen Sinnhaftigkeit von Rekonstruktionen an dieser Stelle einmal beiseite, kann man natürlich den Satz Wittgensteins als Frage an unsere Zeit stellen, angesichts des neu-alten Schlossbaus. Nicht jedoch in dem Sinne, dass ein plausibler Grund der Verewigung und Verherrlichung nicht auch hier in der geplanten Funktion gegeben wäre, indem im rekonstruierten Stadtschloss in der Hauptsache die einst von Alexander von Humboldt begründeten, außereuropäischen Sammlungen der Staatlichen Museen Berlins gezeigt werden sollen. Vielmehr hinsichtlich der konstruktiven Form der „Verherrlichung", die sich

---

11 | Wittgenstein 1948, S. 134.

Karl Friedrich Schinkel: Kolonnade des Alten Museums Berlin, 1830

die barocken Ordnungen und Ornamente des schlüterschen Entwurfes leiht, um dem bedeutenden Inhalt eine Form zu geben.

Wenn aber Schinkel am Alten Museum noch bewusst auf die griechische Antike und die ionische Ordnung zurückgreift, so tut er das natürlich vor dem Hintergrund eines intendierten ästhetisch-architektonisch geführten Gespräches über die Parallelen der Philosophie der griechischen Antike mit jener der Aufklärung des 19. Jahrhunderts. Und wenn Mies van der Rohe bei der Neuen Nationalgalerie die Möglichkeiten der modernen Stahlkonstruktion mit der Geschichtlichkeit der Form der Säule verbindet, so sagt er natürlich allein dadurch unglaublich viel über die Kontinuität der Frage nach dem zu „Verewigenden“ und des zu „Verherrlichenden“ aus: als Suche nach dem, was wahr für uns sei.

Und wir? Man ahnt, dass Wittgensteins Wort der „Verewigung und Verherrlichung“ den Motiven der Schlossrekonstruktion kaum nahe zu kommen scheint. Denn wie soll man auch barocken Fassaden Glauben schenken, über die Frage nach Bedeutung in der Gegenwart ästhetisch reflektieren zu können? Einer architektonischen Sprachlichkeit, die von der Aristokratie historisch oft durchbuchstabiert wurde mit dem Ziel, die Kontinuität römisch-antiker Macht zur eigenen zu veranschaulichen. Wenn schon, so sind es einzelne, vom Barock aus der Antike entlehnte Motive, welche die Sphäre unseres geistigen Daseins berühren könnten. Dieses aber doch, wenn überhaupt, nur im ursprünglichen, also religiösen Sinn der Kapitäle, Kanneluren, Architrave usf. Aber wo schon bei Schinkels grandiosem Werk des Alten Museums bereits im 19. Jahrhundert ein Moment des Zweifels bestehen konnte, dass die Aufklärung auf dem Grund der religiösen Verehrung griechischer Götter zu einer Form und einem architektonischen Ausdruck kommen mag, so ist heute, fast 200 Jahre später, diese Annahme als nicht mehr tragfähig anzunehmen. Anders gesagt: Antik-religiöse Inhalte mögen individuell noch eine Rolle in unserer Zeit spielen können, gesellschaftliche Normative sind aber sicherlich nicht mehr in nachgeahmten Tempeln zu finden. Was in keinster Weise die mehr oder minder apathisch anmutende Sinnfremdheit unserer gesellschaftlichen Gegenwart legitimieren soll, die diesen Fragen nach „Verewigung und Verherrlichung" ebenso ratlos gegenüberzustehen scheint, sieht man sich die Summe der zeitgenössischen Gegenentwürfe zur Schlossrekonstruktion an, die über die Jahre für den Schlossplatz entwickelt wurden.

Von ganz anderem aber spricht auch heute noch ein gesehener Widerschein sonnenleuchtenden Wassers im Gebälk der Kolonnade der Friedenskirche im Park Sanssouci in Potsdam, tanzende Lichtpunkte reflektierter Wellen, sachter Bewegungen des Sees, in welchen die Kolonnade und das Kirchenschiff hineingebaut ist. Das Überzeitliche der dieses still haltenden Säulen, das im Halbdunkel liegende, hölzerne Dachtragwerk – saß in einem solchen nicht auch Athene, „einer Schwalbe gleichend an Aussehn"[12], während der Bestrafung der Freier durch Odysseus im Haus des Laertessohnes? –, das entfernte Rauschen der Brunnen, Perat, Hiddekel, Gihon und Pischon, der Paradiesbrunnen im Nebenhof, die vier Flüsse des Paradieses in vier Quellen allegorisierend, – dieses *erinnert* uns an die jenseits bzw. unter den Stilen liegende, mögliche Bedeutungstiefe der architektonischen Konstruktion des Menschen, welche mal gespanntwiderstehend, mal fragil-suchend diesem Halt zu geben vermag.

12 | Homer: Odyssee, 22, 239f., zit aus: Ders. 1979, S. 369.

3. Gärten und Natur

„In die Natur hineingehen und in dieser Natur ein- und ausatmen und in dieser Natur nichts als tatsächlich und für immer Zuhause zu sein, das empfände er als das höchste Glück. *In den Wald gehen, tief in den Wald hinein,* sagte der Burgschauspieler, *sich gänzlich dem Wald überlassen,* das ist es immer gewesen, der Gedanke, nichts anderes, als Natur selbst zu sein. *Wald, Hochwald, Holzfällen, das ist es immer gewesen* [...]."[1]
Thomas Bernhard

Ein in dem Buch „Holzfällen" von Thomas Bernhard beschriebener Burgschauspieler spricht diesen Satz in einer surreal anmutende Szene aus, die sich zu später Stunde auf dem sogenannten „künstlerischen Abendessen" einer Wiener Gesellschaft zu Ehren ebendieses Burgschauspielers abspielt. Vorbereitet wird die Szene von den Bernhard-typischen Bosheiten, mit welchen er sowohl das teils alkoholkranke, teils ignorante Gastgeberehepaar Auersberger beschreibt, als auch die geladenen Gäste, die, wie der Erzähler selbst, stundenlang auf das Ankommen des mit dem Abendessen geehrten Burgschauspielers warten und dabei sich betrinkend ihre gemeine Gehässigkeit entblößen. Bald nach seinem Eintreffen scheint sich auch der Burgschauspieler stark alkoholisiert seiner Umgebung mühelos

1 | Bernhard 1988, S. 302.

anzupassen, was von nicht endend wollenden Monologen über seine eigene künstlerische Größe begleitet wird. Als jedoch die von Bernhard als unerträglich beschriebene Journalistin Jeannie Billroth nicht aufhört, ihn mit der, wie Bernhard sagt, „unverschämten, schamlosen und rücksichtslosen" Frage: „Glauben Sie, daß Sie an Ihrem Lebensende Erfüllung in Ihrer Kunst gefunden haben?"[2] zu löchern, hebt der Schauspieler zu einer Schimpftirade gegen die Journalistin an, die sich mehr und mehr zu einer öffentlich vorgetragenen Lebensbilanz wandelt und völlig unvermittelt in den eingangs zitierten Satz mündet.

Wie sich dabei die von Bernhard so beschriebene, zuerst durchaus wehleidige und völlig inhaltsleere Klage des Schauspielers wider die Hässlichkeit und Flachheit der Kunstgesellschaft Wiens mit nur einem Satz über den „Wald, Hochwald, Holzfällen" schlagartig verwandelt in ein Bild von seltsamer Schönheit und Einsicht, ist ein Moment tiefer Berührung im Schreiben Thomas Bernhards. Wie ein leuchtender Kristall schweben die Worte des Schauspielers im Raum und für einen Augenblick scheint die völlig disparate und in chaotisch taumelnde Atome zersprengte Abendgesellschaft im Nachhören sich zu verwandeln. Natürlich: für Momente nur. Schon bald darauf nimmt das bernhardsche Karussell der Lächerlichkeiten, selbstverständlich möchte man sagen, wieder an Fahrt auf. Was aber bleibt, ist die Wirkung der Worte beim Ich-Erzähler des Buches, der lange über sie nachdenkt und schließlich, nach Verlassen des menschliche Abgründe offenbarenden „künstlerischen Abendessens" mitten in der Nacht, nur noch nach Hause rennen will, denkend

„daß ich über dieses sogenannte *künstlerische Abendessen* in der Gentzgasse schreiben werde, ohne zu wissen, was, ganz einfach *etwas* darüber schreiben werde und ich lief und lief und dachte, ich werde *sofort* über

2 | Ebd., S. 292.

dieses sogenannte *künstlerische Abendessen* in der Gentzgasse schreiben, egal was, nur *gleich* und *sofort* über dieses *künstlerische Abendessen* in der Gentzgasse schreiben, *sofort*, dachte ich, *gleich* immer wieder, durch die Innere Stadt laufend, *gleich* und *sofort* und *gleich* und *gleich*, bevor es zu spät ist."[3]

Diese literarische Begebenheit sagt sehr viel aus im Zusammenhang mit den Begriffen des „Gartens", der „Natur" und einer Poetik des Bauens. Einer Parabel gleich zeichnet Bernhard in der ihm eigenen Präzision der Beobachtung menschlicher Natur nach, wie das Disparate und Fragwürdige des Zusammenlebens durch das Bild des großen Anderen, der Natur selbst, sich plötzlich in Klarheit und einem Moment von Schönheit aufzuheben vermag. Sind wir auch Teil dieser anderen, geschöpften Wirklichkeit, so stehen wir und unsere gemachte Welt doch paradoxerweise außerhalb von ihr, da wir sie, wie unsere eigene Natur, in ihrem Sinn nicht unmittelbar verstehen können. Wie bereits beschrieben, scheint die Begegnung aber mit Natur in Momenten erfahrener Bedeutung im besten Sinne des Wortes *Enlightenment*[4] zu gewähren, mögen dieses Momente der Schönheit oder, in gespiegelter Form auch des Furchtbaren, sprich: des Erhabenen der Natur sein. Darüber hinaus erinnert Bernhards Gedanke des „Aufschreiben-Wollens" nachfühlend an eines der zentralen Motive künstlerischen Handelns, das Vergängliche des bedeutsamen Momentes festzuhalten, um es erinnernd in sein Leben zu stellen. Oder auch, um es in gesellschaftlichen Sinne erinnernd in die Mitte von uns allen zu stellen, als Ausgangspunkt jenes menschlichen Handels, welches sich von Natur aus nicht einfach gut zu entwickeln scheint, was Bernhard ja so beredt erkannte und woran er sein Leben lang sich abarbeitete. Natürlich mag man hierbei an den bereits zitierten Satz Wittgensteins der Verewigung

3 | Ebd., S. 319ff.

4 | Der englische Begriff für die Epoche der Aufklärung.

und Verherrlichung denken, ohne welche es Architektur nicht gäbe[5]. Und auch Goethe benannte diesen wichtigen Punkt poetischen Denkens und Handelns der erinnernden Hervorbringung, wenn er sagt:

„Ich bedauere Menschen, welche von der Vergänglichkeit der Dinge viel Wesens machen und sich in Betrachtung irdischer Nichtigkeiten verlieren. Sind wir ja eben deshalb da, um das Vergängliche unvergänglich zu machen; das kann ja nur geschehen, wenn man beides zu schätzen weiß."[6]

Und doch scheinen wir im architektonischen Fach jener Erkenntnis, welche die Erfahrung der Natur in sich aufhebt, heute gründlich zu misstrauen. Für den Architekturdiskurs scheint Natur erst dann eine akzeptable Kategorie im Bauen zu sein, wenn sie in gut klassisch-moderner Weise als technisch aufgefasste Größe verstanden ist. Das heißt, wenn sie allein als physische Erscheinung gedeutet wird. Und so kommt es zu der Flut an energieoptimierten Gebäuden, ressourceneffizienten Städteplanungen, Energieeinsparverordnungen usf., mit welchen dem ja nicht mehr von der Hand zu weisenden Problem der Folgen ungehemmter Ignoranz gegenüber der Wirklichkeit der Natur beigekommen werden soll. Wenn aber der drohende Klimawandel, als dem sicherlich aktuell bedrohlichstem Symptom des technisch-instrumentellen Denkens der völligen Erzeugbarkeit der Wirklichkeit, wiederum mit zuallererst technischen Mitteln gestoppt werden soll, so scheint man sich zumindest abseits der Pfade facharchitektonischen Denkens inzwischen der Widersinnigkeit dieses tautologisch anmutenden Vorhabens bewusst zu sein. Ist doch bei Nicht-Fachleuten ein Empfinden für die Bedeutung der Erfahrung von Natur durchaus noch oder wieder vorhanden. Beredt erzählt davon unter anderem die Bewegung des „Urban Gardenings", die nichts anderes als die

5 | S. Kapitel 2, „Konstruktion".

6 | Goethe: Maximen und Reflexionen, 1038, zit aus: Ders. 1998, S. 512.

Sehnsucht des Menschen zum Ausdruck zu bringen scheint, inmitten der drohenden Totalität der gemachten Welt sich auf die Suche nach jener Wirklichkeit zu begeben, die sich allem Machen entzieht.

Denn wenn auch der Satz, dass es Natur nicht mehr gäbe und *alle* Wirklichkeit bereits menschlich überformt sei, fast schon zum grimmig vorgetragenen Mantra des Mainstream-Architekturdenkens geworden zu sein scheint, – eine aus einem Samen entspringende Pflanze ist so wenig erdacht wie das Wunder fruchtbaren Bodens, in dem Regenwürmer und Engerlinge sich tummeln. Ganz zu schweigen von dem Blick in den nächtlichen Sternenhimmel, der jede Generation aufs Neue zum Nachdenken über die Relativität menschlicher Auffassungs- und Gestaltungspotenz bringt. Und braucht das Berührt-Sein über die Erfahrung des Selbst-Seienden der Pflanzen und Tiere wie auch die Freude über die Ernte von Selbstgezogenem und Gehüteten wirklich kulturwissenschaftliche Erörterungen der Art, dass diese Glückserfahrung eine ganz Falsche und Trügerische sei und ihr nur zu misstrauen ist? Die Menschen sind doch scheinbar klüger als wir Fachleute und so handeln sie einfach, wenn die Konflikte zwischen „System und Lebenswelt"[7] zu groß werden. Sei es, dass einst, in den 1970er Jahren, ganz Berlin-Kreuzberg für die auto- und funktionsgerechten Pläne der Stadtplaner demoliert werden sollte[8], oder sei es, dass das vermeintlich moderne Wohnen des Menschen zur beschreibbar-technischen und damit verwertbaren Funktion zurechtentworfen wurde[9]: Mal waren es die Hausbesetzer, die den durch Immobili-

7 | Habermas 1995, Bd. 2, S. 581.

8 | S. Hämer 1990, S. 56ff.

9 | S. hierzu z. B. Hannes Meyer in seinem 1928 verfassten Manifest „bauen": „bauen | alle dinge dieser welt sind ein produkt der formel: (funktion x ökonomie) | alle diese dinge sind daher keine kunstwerke: alle kunst ist komposition und mithin zweckwidrig. alles leben ist funktion und daher unkünstlerisch. die idee der ‚komposition eines seehafens' scheint zwerchfellerschütternd!" (Meyer 1928, S. 110)

Prinzessinnengärten, Berlin-Kreuzberg, Aufnahme 2012

enspekulation zusätzlich angetriebenen Planungen in Kreuzberg ein Ende bereiteten und so anstelle von Autobahnanschlusspunkten Kinderbauernhöfe mit Schweineställen in Eigenorganisation entstanden; mal waren es Bewohner der funktionsoptimierten Behausungen, die sich weigerten in ihnen weiter zu wohnen und lieber, so sie es sich denn leisten konnten, den sanierten Gründerzeit-Altbauten zusprachen als diesen arg konstruierten Verkürzungen von Architektur.

Das scheinbar unzerstörbare Vertrauen in die Erfahrung von Natur ist das in der Geschichte menschlichen Denkens und Handelns immer sich wiederholende und scheinbar nie alt werdende Motiv in Zeiten, in welchen sich die menschliche Vernunft der Idee der totalen Autonomie, mit anderen Worten: dem Glauben an die vollständige Konstruierbarkeit der Welt verschreibt, welches dazu verurteilt scheint, ebenso immer wiederkehrend im Disparaten zu enden. Verzichtet das Denken – sei es das instrumentell-technische Denken der Moderne, sei es das nominalistische des Mittelalters oder andere solipsistisch gefärbte Philosophien – auf die Selbstvergewisserung anhand der Erfahrung und Reflexion der nicht selbstgeschaffenen Wirklichkeit, so bleiben die Vorstellungen des Verstandes und der Vernunft nur „leer an Inhalt", wie Kant sagte.[10] Mit der Folge, dass diese scheinbar rationale Methode des Denkens, allein auf Rationalität zu vertrauen, in Irrationalität endet, was Adorno und Horkheimer in ihrer „Dialektik der Aufklärung" in Betrachtung des in der Konsequenz katastrophalen Siegeszuges instrumentell-technischen Denkens im 20. Jahrhundert zeigten.[11] Der Mensch, welcher seine Gedanken

10 | S. Kant 1787 (KdrV), S. 204.

11 | S. Adorno; Horkheimer 1947, S. 96-98: „Da die Vernunft keine inhaltlichen Ziele setzt, sind die Affekte alle gleich weit von ihr entfernt. [...] Wenn alle Affekte einander wert sind, so scheint die Selbsterhaltung, von der die Gestalt des Systems ohnehin beherrscht ist, auch die wahrscheinlichste Maxime des Handelns abzugeben. [...] Die aufgeklärte Vernunft findet so wenig ein und Maximen autonom setzt und damit von der Notwendigkeit der Objektivierung durch die Wirklichkeit befreien will, versetzt sich damit in ein gedankliches Spiegelkabinett, in welchem all das unverständlich und fremd wird, was als Frage nach der Wahrheit bezeichnet war, als Fragen also nach Erkenntnis, Moralität und Glauben. Diese die Sphäre des Sinns bildenden Fragen sind durch argumentative Rationalität *nicht* zu beantworten, was man relativ leicht in einem Selbstversuch nachvollziehen kann. Versucht man dabei, das gute Handeln wissenschaftlich-rational allein zu argumentieren, warum man also niemanden schaden, bestehlen und betrügen soll, so stößt man schnell an jene Grenze, die auch Nietzsche erkannte, der seinen Schluss daraus zog in Form des natürlich mehr als fragwürdigen Gedankens der – überspitzt gesagt – „Moralität der Gewalt“ als dann verbleibende Maxime, welche er der modernen Welt wie einen Spiegel vorhielt. Man kann hier den Weg insgesamt abkürzen und der Geschichte moderner Philosophie vertrauen: das wissenschaftliche Argument für Moralität ist nicht nur nicht möglich, es ist ein Widerspruch in sich, da, was ebenfalls Kant sehr früh erkannte, Moralität eine Idee und keine Tatsache ist und sich damit dem verstandeskategorialen Blick der Wissenschaften entzieht.[12]

Das Nietzsche möglicherweise auch daran erkrankte, dass er dem Spiegelsaal seiner Gedanken nicht entkommen und damit auch keine Orientierung mehr finden konnte, darauf weist vielleicht jene Geste hin, als er im Moment seines geistigen Zusammenbruches in Turin auf das Pferd einer Mietkutsche zugelaufen sein soll, welches vom Besitzer grob mit der Peitsche traktiert wurde, es umarmte und nicht mehr loslassen wollte.[13]

Maß, einen Trieb in sich selbst und gegen andere Triebe abzustufen, wie das Weltall in Sphären zu ordnen."

12 | S. hierzu Kant 1783 (PM), § 52b, S. 340.

13 | S. Störig 1987, S. 535.

Doch trotz alledem scheint eben diese Unmöglichkeit der argumentativ-rationalen Begründung der Präferenz von gutem statt schlechtem Handeln leider zur, wenn auch verdeckten Prämisse all jener Gesellschaften geworden zu sein, welche allein noch der wissenschaftlich-instrumentellen Rationalität normative Geltungsmacht zuschreiben wollen, wie also auch unsere eigene. Spätestens seit den sprachlos machenden Ereignissen der Finanzkrise, in welcher der Öffentlichkeit von den maßgeblichen politischen Institutionen durch ihr Handeln implizit mitgeteilt wurde, dass jemanden schaden, ihn zu betrügen und zu stehlen für manche, namentlich die Akteure der Finanzindustrie, straffrei bleibt und darüber hinaus sogar mit Finanzhilfen jeder Art belohnt wird, spätestens hiermit wurde auch die Konsequenz der fehlenden Begründung der Fragen nach Wahrheit und Sinn, in diesem Fall nach der Moralität, sichtbar. Mit dem Ausbleiben einer Begründung moralischem Handelns bzw. ohne eine auf Erkenntnis beruhende Einsicht desselben, heben moralische Maximen sich nach und nach auf und alle sich gegenwärtig auftürmenden Disparitätssymptome der ökonomisierten Gesellschaften wie eben die Klimakrise, die Finanzkrise oder die Flüchtlingskrise werden weder am Finanzplatz Frankfurt noch in Experten-Think-Tanks der Politik und Wissenschaften gelöst. Die oft zu beobachtende, fast allergische Reaktion vieler in diesen Sphären Tätigen auf die Frage nach „Wahrheit" spricht darüber Bände.

Der größtmögliche Widerspruch aber zu diesem Disparaten ist das Vertrauen in das, welches sich diesem Ganzen zu entziehen scheint: das Vertrauen in die Erfahrung von Natur und die in dieser Erfahrung geborgene Erkenntnis des Sich-Aufhebens des Disparaten, und sei es nur für kurze Momente. Eine Szene, die sich in einem gehaltenen Architekturtheorie-Seminar abspielte, mag verdeutlichen, wie unverrückbar im Grunde genommen dieses Vertrauen in uns angelegt scheint. Anhand von Texten von Étienne-Louis Boullée, Karl Friedrich Schinkel und Friedrich Schiller wurde die Frage nach der möglichen Erfahrbarkeit von Wahrheit in der

Obstgarten Mary Keen, Cotswolds, England

ästhetischen Erscheinung der Natur diskutiert. Die Diskussion ging dabei hin und her, begleitet vom leisen Surren des Lüfters des Beamers, der noch vom Einführungsvortrag lief und in der Mitte des Tisches stand, um den alle Seminarteilnehmer saßen. Neben diesem stand zufällig auch eine von Studenten mitgebrachte Pflanze auf dem Tisch, die eigentlich erst später, bei der Besprechung erster Entwürfe, eine Rolle spielen sollte. Als die Diskussion sich begann im Kreis zu drehen, kam die Frage auf, wem wir in übertragendem Sinn mehr vertrauen würden, wenn wir z. B. danach fragten „Was darf ich hoffen?“ – dem Beamer oder der Pflanze? Was also hieß: der Technik oder der geschöpften Natur? Die mehr oder minder einhellig gegebenen Antworten kann man sich vor dem Hintergrund eigener Erfahrung dabei leicht denken.

In der bereits zitierten Kritik der Urteilskraft konstruiert Kant ein in diesem Zusammenhang interessantes Gedankenexperiment: Wird die ästhetische Erfahrung der Schönheit im abendlichen Gesang der Nachtigall von einem Instrument so imitiert, dass ein vorgestellter Zuhörer einen Unterschied zum echten Gesang allein durch Hören nicht feststellen kann, dieser Zuhörer dann aber über diesen „Betrug“ aufgeklärt wird, so wird dadurch jeder Moment von Schönheit umgehend zerstört und aufgelöst. Dieses Gedankenexperiment zeigt dabei nicht nur, wie die ästhetische Erfahrung im Sinne ihrer Reflexionstiefe an die Natur als Wirklichkeit gebunden ist. Es zeigt zugleich eindrücklich, dass nicht allein die Sinneseindrücke die Erfahrung der Schönheit evozierten, sondern ein Reflexionsprozess über diese Sinneseindrücke im Betrachter den Moment der Schönheit als möglichen Moment von Erkenntnis definierte:

„Es muß Natur sein, oder von uns dafür gehalten werden, damit wir an dem Schönen als einem solchen ein unmittelbares Interesse nehmen können; noch mehr aber, wenn wir gar anderen zumuthen dürfen, daß sie es daran nehmen sollen: welches in der That geschieht, indem wir die

Denkungsart für grob und unedel halten, die kein Gefühl für die schöne Natur haben (denn so nennen wir die Empfänglichkeit eines Interesses an ihrer Betrachtung) und sich bei der Mahlzeit oder der Bouteille am Genusse bloßer Sinnesempfindungen halten. [...] Daß die Natur jene Schönheit hervorgebracht hat: dieser Gedanke muß die Anschauung und Reflexion begleiten; [da es] die Vernunft auch interessirt, daß die Ideen (für die sie im moralischen Gefühle ein unmittelbares Interesse bewirkt) auch objective Realität haben, d. i. daß die Natur wenigstens eine Spur zeige, oder einen Wink gebe, sie enthalte in sich irgendeinen Grund, eine gesetzmäßige Übereinstimmung ihrer Producte zu unserem von allem Interesse unabhängigen Wohlgefallen (welches wir *a priori* für jedermann als Gesetz erkennen, ohne dieses auf Beweise gründen zu können) anzunehmen: so muß die Vernunft an jeder Äußerung der Natur von einer dieser ähnlichen Übereinstimmung ein Interesse nehmen; [...].“[14]

Hugo von Hofmannsthal hat einst das Dilemma des Nicht-mehr-Sprechen-Könnens über die das Dasein konstituierenden Ideen und Maximen in der Moderne in dem fiktiven Brief des Lord Chandos an Francis Bacon mit dem unvergesslichen Sprachbild festgehalten:

„Ich empfand ein unerklärliches Unbehagen, die Worte ‚Geist‘, ‚Seele‘ oder ‚Körper‘ nur auszusprechen. [...] die abstrakten Worte, deren sich doch die Zunge naturgemäß bedienen muß, um irgendwelches Urtheil an den Tag zu geben, zerfielen mir im Munde wie modrige Pilze.“[15]

Aber der Autor spricht in der weiteren Folge dann auch über das, was ihn aus dieser Krise der Sprache, die zu einer seines Lebens wurde, für Augenblicke retten konnte:

14 | Kant 1793 (KdU), S. 302f. u. S. 264.

15 | Hofmannsthal 1902, S. 161.

„Es war [...] ein ungeheures Anteilnehmen, ein Hinüberfließen in jene Geschöpfe oder ein Fühlen, daß ein Fluidum des Lebens und Todes, des Traumes und Wachens für einen Augenblick in sie hinübergeflossen ist – von woher? Denn was hätte es mit [...] begreiflicher menschlicher Gedankenverknüpfung [zu tun], wenn ich an einem anderen Abend unter einem Nußbaum eine halbvolle Gießkanne finde, die ein Gärtnerbursche dort vergessen hat, und wenn mich diese Gießkanne und das Wasser in ihr, das vom Schatten des Baumes finster ist, und ein Schwimmkäfer, der auf dem Spiegel dieses Wassers von einem dunklen Ufer zum andern rudert, wenn diese Zusammensetzung von Nichtigkeiten mich mit einer solchen Gegenwart des Unendlichen durchschauert, von den Wurzeln der Haare bis ins Mark der Fersen mich durchschauert, daß ich in Worte ausbrechen möchte, von denen ich weiß, fände ich sie, so würden sie jene Cherubim, an die ich nicht glaube, niederzwingen, und daß ich dann von jener Stelle schweigend mich wegkehre, und nun nach Wochen, wenn ich dieses Nußbaums ansichtig werde, mit scheuem seitlichen Blick daran vorübergehe, weil ich das Nachgefühl des Wundervollen, das dort um den Stamm weht, nicht verscheuchen will, nicht vertreiben die mehr als irdischen Schauer, die um das Buschwerk in jener Nähe immer noch nachwogen."[16]

Hofmannsthal scheint 1902, als er diesen Text schreibt, nicht allein zu ahnen, welche Krisen dem Menschen des 20. Jahrhunderts bevorstehen, der, auf dem Gipfel instrumenteller Erkenntnis angekommen, eben dort dem Zerfall aller vorher noch gültigen Maximen und Wahrheiten zusehen muss, gleich dem König Midas, dem in Erfüllung seines sehnlichsten Wunsches alles, was er berührte, zu Gold wurde und er infolgedessen vom Hungertod bedroht war. Er zeigt zugleich auf das Überzeitliche jener ästhetischen Erfahrung von Natur, die noch heute sich so unbeholfen wie kraft- und liebevoll in den zusammengezimmerten Pflanzkästen

16 | Ebd., S. 164f.

beispielsweise der Gemeinschaftsgärten des „Allmende-Kontors“ auf dem Tempelhofer Feld in Berlin Ausdruck zu verschaffen vermag. Hofmannsthal zeigt das mögliche Wunderhafte der Begegnung mit geschöpfter Wirklichkeit, in welchen für Momente die Frage nach dem eigenen Dasein transparent würde und alle Fragwürdigkeit der Existenz nicht beantwortet, aber doch einsehbar würde. Die Cherubim, die Versöhnung der Trennung von der Wirklichkeit, die wir Erkenntnis-Stehlenden nach der Vertreibung aus dem Garten des Paradieses suchen, – seien dieses auch biblische Bilder, zeigen sie doch nur, wie universal die Erfahrung des Verlustes des paradieshaften und damit unmöglichen Zustandes der nicht mehr fragenden Erkenntnis ist und wie wahr zugleich das Fragen nach Wahrheit als unablösbarer Teil unseres Selbst ist. Und ist nicht die Gestaltung von Gärten und deren mitunter traumgleicher Ausdruck von Versöhnung über die Jahrtausende hinweg ein Hinweis darauf, wie stark unsere Wünsche und Sehnsüchte sich wenn auch nicht auf das Unerfüllbare der Rückkehr in fraglose Zustände des bewusstlosen Glücks, aber vielleicht doch darauf richten, „die Reise um die Welt“ zu machen, um zu sehen, ob das Paradies nicht „vielleicht von hinten irgendwo wieder offen ist.“[17], wie Kleist sagte?

Davon spricht ein Garten wie jener der Villa d'Este, der, im Sommer besucht, eine einzige gebaute Hymne an die Kostbarkeit des Wassers ist. In der sengenden Hitze des Ferragostos, wenn man, von Rom kommend nach quälend langer Autobahnfahrt durch die von Industrie und industrieller Landwirtschaft zerstörte und verdorrte Landschaft des Latiums schließlich das auf den westlichen Hängen der Monti Tiburtini liegende Tivoli erreicht, bereits den kühlenden Wind der Höhe vernehmend, sanft rau-

17 | Kleist, 1810, S. 1091: „Doch das Paradies ist verriegelt und der Cherub hinter uns; wir müssen die Reise um die Welt machen, und sehen, ob es vielleicht von hinten irgendwo wieder offen ist."

Pirro Ligorio: Garten der Villa d'Este, Tivoli, ab dem 16. Jh., Allee der hundert Brunnen, schend in den Pinien der Piazza Garibaldi sich fangend, dann eintaucht in die ockerfarbene, jahrhundertalte Architektur der Stadt, der Stimmen, der spielenden Kinder in den Gassen, des insgesamt abnehmenden menschlichen Tempos, schließlich den Eingang der Villa an der Pfarrei Santa Croce erreicht, am kleinen Platz vor der Kirche mit der Bar, der Gartenmauer und den Zypressen hinter ihr, und den Garten betritt, – so mutet diese Reise fast wie die kleistische Reise „um die Welt“ an, die ein anderes Leben zeigt, als jenes, aus dem man zu diesem Ort verwirklichter Poetik und Schönheit reist.

Im eigentümlichen, offenen Brunnenzimmer der Fontana dell‘Ovato, des Ovalbrunnens sitzend, die Haut mit dem fließenden Wasser der kleinen Wandbrunnen kühlend, tauchen vor dem inneren Auge Bilder wie die der Gärten der Alhambra auf, die symbolische Bedeutung der vier Wasserläufe in dem „Patio de los Leones“, auch hier als Allegorien der vier Flüsse des Paradieses. Oder der Gedanke an die Renaissance-Architektur der Villa Lante Vignolas bei Viterbo, in welcher ein kaskadenförmig den Hang hinablaufender Wasserstrom nicht allein den lichtschattigen Terrassengarten, sondern auch die Architektur der Villa selbst in zwei Baukörper zu teilen scheint, die, wie zur Seite tretend vor diesem gebauten Gleichnis des Lebensweges, den Wasserlauf rahmen. Dabei ist die vom Rauschen der Wasserspiele erfüllte Architektur des Brunnenzimmers an der Fontana dell’Ovato der Villa d’Este ganz im Sinne eines poetisch aufgefassten Baugedankens auch hier nur Rahmen, nicht Inhalt, erscheint, mit der Reduktion der Raumformung auf eine schlichte, hohe Mauer mit den Ein- und Ausgängen, fast als ein in der Renaissance wiedererrichtetes Dodona, welches hinweist auf die Kostbarkeit des Lebens, bezeugt mit dem Element des Wassers, einem der Lebensspender schlechthin. Die wie von allein sich bildenden Assoziationen und Erinnerungen an diesem Ort zu anderen Schöpfungen der Gartenarchitektur bzw. des Bauens, zu deren Geschichtlichkeit und überzeitlichem Charakter, erscheinen dabei als ein sicheres Kennzeichen bedeutsamer Kunst. Denn wäre die nur scheinbar selbstverständliche, jedoch durchaus komplexe Definition bedeutender Kunst die, dass diese eben Fragen nach Bedeutung und damit nach Wahrheit in-Werk-setzt, so wird dadurch eine Konstante menschlichen Lebens sichtbar, die weit über das jeweilige Werk hinausweist und als Über-der-Zeit-Liegendes wie von allein in die Geschichte zu weisen vermag. Ebendieser überzeitliche Charakterzug des Menschen, sein Suchen nach Wahrheit, wird im Garten der Villa d'Este fühlbar präsent und damit möglicher Ausgangspunkt weitergehender Reflexion des Betrachters. Die Natur, die uns in diesem wie dem Potential nach in jedem Garten begegnet, ihr Nicht-Gemachtes, ihr Geschöpftsein scheint dieser Suche zu antworten, indem sie uns jenen nicht-vergehenden Sinn durch ihre Wirklichkeit zeigt: das Leben sei, in seiner ganzen Individualität und Fragilität. Zugleich erinnert ihr Geschöpftsein, die Pflanzen, das Rauschen der Baumkronen, der Sprung des Käfers, das Singen der Zikaden, – erinnert all das uns *unseres* Geschöpftseins, welches das Kostbarste ist, welches wir besitzen und welches das Rätsel schlechthin beschreibt.

In dieser Hinsicht kann die poetische Schönheit des Gartens der Villa d'Este als *pars pro toto* verstanden werden für die Nähe des Gedankens einer Poetik des Bauens mit den Begriffen des Friedens und des Guten. Denn Frieden ist der dem Lebendigen spiegelbildlich verwandte Zustand, als Achtung seiner Verletzlich- und Endlichkeit. Womit dieser Zustand zugleich als moralisch in sich selbst zu bezeichnen wäre, da die Achtung und Beförderung des Lebens der maßgebliche Anlass von Moral überhaupt erst ist. Die Frage, im Angesicht der tanzenden Lichtpunkte in den Baumschatten auf den von der Sonne erwärmten Kalksteinplatten an der Fontana dell'Ovato gestellt: Ließe sich überhaupt über Gärten dieser Art streiten, vor Ort, in Erfahrung ihrer stillsprechenden Wirkung? Hieße das nicht, sich über den Sinn und Zweck des Friedens selbst zu streiten? Adorno schrieb hierzu in seiner „Ästhetischen Theorie":

Pirro Ligorio: Garten der Villa d'Este, Tivoli, ab dem 16. Jh.

„Was an der traditionellen Kunst gesellschaftlich nicht mehr möglich ist, büßt darum nicht alle Wahrheit ein. Es sinkt in eine historische Gesteinsschicht, die anders als durch Negation dem lebendigen Bewußtsein nicht mehr erreichbar ist, ohne die aber keine Kunst wäre: die des stummen Hinweises auf das, was schön sei, ohne daß dabei zwischen Natur und Werk gar so strikt unterschieden wäre. Dies Moment ist dem zerrüttenden konträr [...]. In dieser Idee ist die Kunst verwandt dem Frieden. Ohne Perspektive auf ihn wäre sie so unwahr wie durch antezipierte Versöhnung. Das Schöne der Kunst ist der Schein des real Friedlichen."[18]

Das Rätsel und das Wunder des Geschöpftseins scheinen die Schönheit eines gelungenen Gartens zuerst auszuzeichnen, nicht die Geplantheit des Gartens oder die Frage, ob ein Garten noch Natur sei, seine Form, sein Stil usf. Wittgenstein vermerkte in seinem Tractatus den in diesem Zusammenhang bezeichnenden Satz: „Nicht *wie* die Welt ist, ist das Mystische, sondern *dass* sie ist."[19] Insofern das Selbst-Sein des Gartens gedacht ist, man dieses, poetisch gesprochen: sich entfalten und damit erscheinen lässt, insofern ist im gartenarchitektonischen Entwurf nicht mehr zu tun, als den Rahmen zu gestalten, welcher das handkesche: „Siehe", jenes „Siehst du?" zur Sprache bringt.[20] Wenn zur Mittsommernacht im Gemüsegarten die Glühwürmchen aus den Himbeerspalieren auftauchen, zuerst einzeln, sich suchend aufleuchtend, schwebend, wieder verlöschend, einem realen Märchenschauspiel gleich, – so erscheint ein kleiner Gemüsegarten für Momente so groß wie z.B. ein von Peter Joseph Lenné poetisch gestalteter Marlygarten im Park Sanssouci in Potsdam, in welchem zu dieser Zeit des Jahres oft das gleiche Schauspiel zu beobachten ist. Die Form eines Gartens ist selbstredend zwar wichtig und notwendiger

18 | Adorno 1969, S. 383.

19 | Wittgenstein 1922, 6.44., S. 161

20 | S. Kapitel 1, „Näherung".

Gegenstand des handwerklichen Könnens der Gartengestaltung, was am Marlygarten Lennés abzulesen wäre mit seinen im Hindurchgehen nahezu filmisch wahrzunehmenden Sequenzen des Verbergens und Zeigens von Architektur und Natur. Und erst durch die meisterhafte Beherrschung des Handwerks scheint die Gestaltung selbst fast unsichtbar werden zu können und kann somit poetisch ganz hervortreten, was ein zentraler Gehalt eines Gartens wäre: die als schön oder auch erhaben empfundene Natur. Dieses Können aber ist alles nichts ohne diesen Gehalt, dessen Anlass also.

Und davon kann die Architektur viel lernen. Steht heute oft in Fachdiskursen implizit die Frage im Raum, wie zeitgenössische Architektur wieder bedeutsam werden könne, dass sie von den Menschen anerkannt und gerne wieder bewohnt würde, so mag erst andersherum formuliert daraus eine wirkliche Frage werden: Was ist so bedeutsam, dass es erst wieder nach Architektur riefe? Die nur zur Zeit der Mittsommernacht erscheinenden Glühwürmchen mögen ein Beispiel dieses Bedeutsamen sein, wenn auch ihre Fragilität und ihr stilles, seltenes Erscheinen in größtdenkbarem, fast grotesk anmutenden Widerspruch zu dem zu stehen scheint, was wir für bedeutsam in der ökonomisierten Gegenwart halten wollen. Henry David Thoreau berichtet in seinem überaus aktuellen Bericht „Walden“ in unnachahmlich frohgemuter Weise davon, was es heißt, mit diesem Blick dem Bauen wie dem Leben zu begegnen. Man könnte es als das erste Aussteigerbuch der Moderne bezeichnen, welches sich in eine lange Tradition selbstaufklärerischen Denkens stellt, und berühmte Vorfahren wie Sokrates kennt, der unter Inkaufnahme seines Todes nicht davon lassen wollte, der Athener Bevölkerung Fragen nach dem Sinn und den Maximen ihres Lebens zu stellen:

„Ich zog in den Wald, weil ich den Wunsch hatte, mit Überlegung zu leben, dem eigentlichen, wirklichen Leben näherzutreten, zu sehen, ob ich nicht lernen konnte, was es zu lehren hatte, damit ich nicht, wenn es zum Sterben ginge, einsehen müßte, daß ich nicht gelebt hatte."[21]

Die Kraft, welche von dem Eindruck der geschöpften Wirklichkeit anstelle der gemachten ausgehen mag, dieses mag in stiller, beeindruckender Weise auch ein Bild beschreiben, welches im Konzentrationslager Buchenwald von einem unbekannten Lagerinsassen gemalt wurde. Es ist ein blasses Aquarell, das den Blick auf die umgebende Landschaft des Ettersberges zeigt, eine fast biedermeierlich anmutende Szenerie aus Waldsäumen und Feldfluren unter einem heiteren Frühlingshimmel. Dieser Blick wie das Zitat des Buchenwald-Überlebenden Benedikt Kautsky, dass in der Hölle von Buchenwald „die Freude an der Natur, an freilebenden Tieren und wildwachsenden Pflanzen, vor allem an der Schönheit der Landschaft [...] uneingeschränkt blieb"[22], sie scheinen von der rettenden Gewissheit zu erzählen, dass die Menschen, die dieses Lager betrieben, nicht auch das zerstören konnten: die Natur, in ihren Jahreszeiten und den Rhythmen des Lebens.

Von der Gartenarchitektur zur Architektur ist es im Sinne dieser Betrachtung nur ein kleiner Schritt. Ein Bauen, welches von einem Garten aus gedacht ist, macht hinsichtlich des Poiesis-Gedankens einen Schritt zur Seite und ließe sich vielleicht am besten mit einem Begriff wie dem „Zuhören" beschreiben. Das „Sich-stimmen-Lassen" der Architektur, entweder aus einer vorhandenen Landschaft heraus, oder, in der Stadt, aus einem mit dem Bauwerk entworfenen und verknüpften Garten, entlässt dabei das Gebaute aus den im Mainstream-Bauen der Gegenwart scheinbar so wichtigen Einfalls- und Ausdruckszwängen. So kann sich das Bauwerk im Gegenzug dem verkörperten Eindruck und dem reichen Gedan-

21 | Thoreau 1854, S. 98.

22 | Kautsky 1948, S. 232.

Unbekannter Künstler: „Sicht Buchenwald zu Kyfhausen"; gemalt von einem Lagerinsassen im befreiten KZ Buchenwald, 21.4.1945 (farbiges Aquarell)

ken der In-Werk-Setzung öffnen, in welchem das Maß der Entscheidung zwischen einem guten oder schlechten Detail wie der Qualität des Ganzen sich danach richten mag, ob das Entworfene bestehen kann vor bzw. mit der als Maß aufgefassten Erscheinung der naturhaften Wirklichkeit eines Garten oder einer Landschaft. Die aus Perspektive der Gegenwartsarchitektur kaum zu beantwortende Frage nach einem verbindlichen Maß der Beurteilung von Architektur vermag sich so betrachtet dahingehend zu wenden, dass die Qualität eines Hauses und seiner architektonischen Teile sich zuerst aus der Angemessenheit des Gebauten mit jenem Wahrheitskern bemisst, um welchen herum ein der Schönheit der Wirklichkeit zuhörendes, sprich: poetisch gedachtes Haus errichtet wäre.

Gerade in Entwurfsseminaren des Grundstudiums der Architektur, in denen die Studenten noch unbefangen und völlig zurecht nach guter und schlechter Architektur fragen, hat sich dabei ein Modell bewährt, sich diesen Fragen eben nicht formalästhetisch und theoretisch, sondern vielmehr empirisch-beobachtend zu nähern. Eine Aufgabe dieser Seminare bestand beispielsweise darin, vor einem gegebenen Bild einer sich im Moment der Schönheit oder auch des Erhabenen zeigenden Landschaft bzw. eines Gartens einen Raum zu entwerfen, der, zusammen mit der Landschaft betrachtet, dem Eindruck jener genügt und mit dieser in einen poetischen Dialog zu treten vermag. Konkret hieß das, dass vor dem Bild „Monstein“ Gerhard Richters oder dem „Riesengebirge“ Caspar David Friedrichs ein Modell eines Raumes mit gegebenen Maßen gebaut werden sollte, durch den hindurch diese Landschaften zu sehen waren. Davon ausgehend wurden nun Modellreihen zum Thema des Fensters des Raumes, der Farbe, der Proportion, der Konstruktion usf. entworfen. Dabei konnten auch geschichtliche Reihen entworfen werden, welche die Baugeschichte von dem antiken Megaron über den gotischen Saal bis zum Jugendstil-Zimmer bauend nachvollzogen, oder es konnten zeitgenössische Entwürfe nachgebaut werden, die in der Fachwelt für Aufsehen gesorgt hatten.

Ein sehr interessantes Ergebnis dieser Seminare war, dass man, entgegen der Erfahrung von klassischen Entwurfsbesprechungen vor Plänen und Modellen einer definierten Bauaufgabe, sich immer sofort einig darüber werden konnte, ob der jeweilige Raum in seiner Form und seinen Qualitäten mit dem Bild der naturhaften Wirklichkeit zusammengeht oder nicht. Entweder blieb das Ganze stumm, oder es war auf rätselhafte Weise sprechend, dazwischen gab es wenig. Der wichtige Schritt war dann jener, darüber zu diskutieren, warum der eine Raum nicht in Dialog mit den als Bedeutungsreferenz verstandenen Bildern treten wollte, andere wiederum im Sinne Paul Valérys sich mit dem „Geiste [zu] unterhalten" begannen.[23] Eine aktuell oft verwandte, biomorphe Konstruktion mit schrägen Stützen und knochenartig anmutenden Traggliedern wirkte dabei erstaunlicherweise eher stumm, – erstaunlicherweise deshalb, da alle vermuteten, dass die Ähnlichkeit zu hervorgebrachten Formen der Natur auch zu einem Dialog mit dem Bild der naturhaften Wirklichkeit führen müsste. Das Gegenteil aber war der Fall, was an der nur formal gedachten Analogie der technischen Konstruktion mit dem geschöpften Naturwerk liegen mag. Diese Form der Konstruktion scheint leugnen zu wollen, dass überhaupt eine Trennung zwischen dem Menschen und der Natur bestünde. Diese Trennung aber *ist* ja überhaupt erst der Anlass aller Suche nach Erkenntnis und damit auch der Künste, da aus dieser Trennung, wie in der Erfahrung des Erhabenen beschrieben, sich der Mensch erst als freies Individuum von den Naturgesetzen emanzipiert und damit erst konstituiert. Er dadurch also erst zu den Fragen nach der Bedeutung und dem Inhalt der eigenen Existenz kommt, welche in der Kunst nach Reflexion suchen mögen, wie das in jeder Epoche einer Selbst-Aufklärung der Menschen der Fall war, sei es in der Antike, der Renaissance oder in der die Moderne begründenden Aufklärung selbst. Diese Fragen aber scheinen in der in dieser Hinsicht vielleicht als vormodern zu bezeichnenden, biomorphen

23 | Valéry, 1921, S. 55ff.

Raumentwurf vor dem Bild „Monstein" von Gerhard Richter;
Studentenarbeit aus Architekturtheorieseminar, TU Berlin, 2011
(Blazej Dutka, Simon Finck, Manuel Rogalla, Johanna Streicher)

Konstruktion in einem nachgebauten Naturzustand vor aller Bewusstwerdung der Freiheit der menschlichen Vernunft zu versinken und damit eben zu verstummen, was die Wirkung des Ganzen als sprachlose Nebeneinanderstellung von Dingen erklären mag.

Sicher könnte man hier fragen, ob das alles nicht zu weit hergeholt klingt, angesichts einer biomorphen Konstruktion über die Moderne und über Begriffe wie Freiheit und Individualität zu reflektieren. Dagegen einwenden könnte man, dass Architektur eben diese fundamentale Wirkung hat, dass, indem sie die Wirklichkeit prägt, als Wahrheit in umfassenden Sinn gerade von Nicht-Architekten wahrgenommen zu werden scheint. Das Gebaute bedeutet uns Menschen sehr, sehr viel, und dass allein Bauwerke, die das Umfassende als solches auch zu verkörpern versuchen, diesem Bedeutungsanspruch auch gerecht werden können, erscheint nur einleuchtend. Dabei ist jener Bedeutungsanspruch nur eine Spiegelung unserer Bedingtheit als Mensch: Denn nicht allein der Körper will behaust sein in seiner physischen Qualität, was sich über die Funktionalität bis hin zur Ökonomie im Bauwerk widerspiegeln mag. Auch das vormals als Geistige bezeichnete will im Doppelsinn des Wortes bedacht sein im Gebauten der Stadt wie dem Haus; eine Dimension, die einst in der architektonischen Qualität der *venustas* reflektiert war und die Goethe als das den „poetische[n] Teil der Baukunst" beschrieb, „in welchem die Fiktion eigentlich wirkt".[24] Und dieser Geist fragt nach Bedeutung und Wahrheit, er wäre sonst kein solcher. Ein Bauwerk aber, welches in dieser Hinsicht gar nicht zu sagen hat, bzw. gar nichts sagen will, wird eben als „stumm" wahrgenommen. Das in der Moderne, mit dem sehr begründeten Verzicht auf das historistische Ornament auch das ursprüngliche Organ des Ausdrucks der geistigen Dimensionalität der Architektur abhanden gekommen ist, ist zwar, vor allem in der Postmoderne, bereits zur Spra-

24 | Goethe 1795, S. 36.

che gebracht worden.[25] In der gebauten Gegenwart des zeitgenössischen Architekturdiskurses aber scheint ein Problembewusstsein dafür eher schwach entwickelt zu sein.

Modernität jedoch, die das große Wort des „sapere aude!", des „Habe Mut, dich deines eigenen Verstandes zu bedienen!"[26] beim Wort nimmt und architektonisch zu übersetzen versucht, scheint sich immer dessen bewusst gewesen zu sein, dass die Dimension von Bedeutung und die Erfahrung von Wahrheit nicht demiurgisch zu produzieren, sondern, in geglückten Momenten, durch einen Akt der poiesis erinnernd-rahmend nur zur Erscheinung zu bringen wäre. Jørn Utzons erstes eigenes Haus in Hellebæk mag anschaulich machen, was dieses für die Architektur bedeuten könnte und welche wichtige Rolle der Gedanke des Gartens und die Erfahrung der Natur hier spielen mag. Allein die Suche nach dem richtigen Ort des Hauses, die Utzon mit seiner Frau durch einen mehrmonatigen Aufenthalt im Zelt auf dem Grundstück unternahm[27], zeigt, welche Rolle Utzon dem „Genius Loci"[28], dem „Geist" oder auch „Schutzgeist des Ortes", in seinem Bauen zumaß.

„‚Dort zu wohnen, war wie unter einem großen Schirm im Freien zu leben' erinnert sich Jan Utzon [der Sohn Jørn Utzons], der auf den Raum zeigt, wo er und seine Schwester in Etagenbettten schliefen. ‚Die Natur wurde in das Haus hineingeführt.' Und es war nicht nur ein Blick, mit dem die Kinder lebten; Jan Utzon erinnert sich an die Momente, in denen er mit dem Sand vom Strand auf den beheizten Backsteinboden spielte."[29]

25 | S. hierzu z. B. Venturi 1966.

26 | Kant 1783, S. 9.

27 | S. Weston, 2001, S. 60f.

28 | S. a. Norberg-Schulz 1982.

29 | Interview mit Jan Utzon in der Onlineausgabe von „The Australian" vom 6.9.2013; http://www.theaustralian.com.au/life/wish/house-proud/story-e6frg8io-1226711315277 (Übersetzung d. Verf.)

Im ganz kleinen Maßstab, und vielleicht gerade deshalb in aller Klarheit ablesbar, ist dieses poetische Moment des Bauens im Park Sanssouci in Potsdam realisiert, in einer abseitigen, kaum wahrnehmbaren Architektur einer Umgrenzungsmauer am sogenannten „Ökonomieweg“ des Parks. Diese den Weg begleitende, historische Mauer musste vor einigen Jahren komplett saniert werden, da sie in den Jahrzehnten ihres Bestehens langsam an Standfestigkeit verloren hatte. Ein Problem der Sanierung waren die Wurzeln der ebenfalls den Weg säumenden Hainbuchen und Kastanien, die in den Jahren offensichtlich unter der Mauer hindurch gewachsen waren. Um nun die Wurzeln zu schützen, erneuerte man die Grenzmauer hier in der Art, dass ein in das Sichtmauerwerk eingefügter Betonbalken die Wurzeln überspannte und ein Fenster in der Mauer öffnete, so dass dem Wachstum des Baumes Raum gegeben werden konnte. Die Sensibilität der Maßnahme strahlt zusammen mit der weich anmutenden, ockerfarbenen Ziegeltextur der Wand eine so tiefe wie selbstverständliche Zuneigung und Zustimmung zum Lebendigen des Baumes aus, dass jene Freude bei der Betrachtung entsteht, welche dem poetischen Moment eigen scheint.

Das diese Wirkung kürzlich durch das rätselhafte Anbringen von Gittern in jenen Mauerfenstern fast vollständig zerstört wurde, mag verdeutlichen, wie eng die Wirkung des Poetischen an die genannten Begriffe der Freiheit und Individualität gebunden scheint, an die Entfaltung des Lebendigen also als Verkörperung einer Wahrheit des Wirklichen.

Im Mittelalter gab es eine Definition der Melancholie, welche besagte, dass der an der Traurigkeit über sich und das eigene Leben erkrankte Mensch sich darin verirrt hat, sein eigenes Leben nur zu betrachten, anstatt es zu leben.[30] Der bau-poetisch gerahmte Blick in das sich entfalten-

30 | S. Sennett 2009, S. 93.

Jørn Utzon: Eigenes Wohnhaus in Hellebæk, 1952

Umgrenzungsmauer mit „Wurzelfenster“ am Ökonomieweg im Park Sanssouci, Potsdam de, andere Leben aber, welcher als Perspektive eines Bauwerkes auf einen Garten oder ein Landschaft gemeint war, enthält er nicht jene Momente des Glücks, in welchen Selbst und Wirklichkeit kongruent zueinander erscheinen, in denen „Freiheits- und Naturbegriff"[31] so zusammenstimmen, dass alle Melancholie sich heilend im daraus aufscheinenden Tun aufzuheben vermag? Im wirklichen, also im als existenziell eigen erkannten Tun des eigenen Lebens, von dem man sagen möchte, es gelebt und nicht bewusstlos verlebt zu haben? „*Wald, Hochwald, Holzfällen*", – oder, wie Karel Čapek es so treffend im „Jahr des Gärtners" formuliert:

„Solange ich als zerstreuter Zuschauer nur außerhalb der Gartenanlagen stand, hielt ich die Gärtner für Menschen von vornehmlich dichterischem Geist, die den Blumenduft züchten und dem Vogelgesang lauschen. Jetzt aber, wo ich mir die Sache aus der Nähe betrachte, sehe ich, dass ein echter Gärtner nicht ein Wesen ist, das Blumen züchtet; er ist ein Mann, der den Boden pflegt. Er ist eine Kreatur, die in der Erde herumwühlt und all das, was über dieser Erde liegt, uns nichtsnutzigen Gaffern überlässt. Er lebt wie in die Erde versunken [...] Und käme er in den Garten des Paradieses, würde er berauscht den Atem einziehen und flüstern: ‚Herrgott, ist das ein Humus!' Ich glaube, er dächte nicht daran, vom Baume der Erkenntnis zu naschen; er würde eher zusehen, wie er unserm Herrgott einen Schubkarren voll paradiesischer Erde entführen könnte. Oder er würde bemerken, dass rund um den Baum der Erkenntnis der Boden nicht aufgelockert ist, und wahrscheinlich eifrig zu graben beginnen, ohne zu ahnen, was über seinem Kopfe baumelt. ‚Adam, wo bist du?' würde der Herrgott rufen. ‚Ja, ich komme gleich' würde der Gärtner antworten, ‚ich kann jetzt nicht', und er würde weiterhin in der Baumscheibe herumarbeiten."[32]

31 | Kant 1793 (KdU), S. 174ff.

32 | Čapek 1929, zit. aus Harrison 2010, S. 50f.

4. Raum

„Ich habe nichts zu sagen, ich habe zu entfalten, und das ist mein Reichtum [...].“[1]
Peter Handke

Suchte man nach einem Inbild der dem architektonischen Raum innewohnenden poetischen Dimension, so könnte man hierzu das Bild „Das Balkonzimmer“ Adolph Menzels nennen. In ihm scheint ein Moment festgehalten, der sich an manchen seltenen Nachmittagen im Hochsommer in der Stadt einstellt, ein Augenblick, in dem die Hitze des Tages die Geschwindigkeit des Stadtlebens langsam zum Stillstand gebracht hat, in dem nur noch vereinzelte Laute aus dem Innenhof, der hinter den geöffneten Flügelfenstern im Bild Menzels liegen könnte, heraufdringen; Geräusche aus anderen Wohnungen, leises Geschirrklappern, einzelne Schritte auf dem Hof, kein Vogelgesang, keine Stimmen, nur schwebend-dahinfließende Zeitlosigkeit. Gedämpft durch die scheinbar leicht vom Wind bewegten, durchscheinenden Vorhänge dringt das Sonnenlicht in den Raum, widerscheinend auf dem Holzparkett, zwei Holzstühle, ein Spiegel, bemalte Stuckdecken. Eine Stimmung, in welcher die mit der Betriebsamkeit des Tages verbundenen Gedanken sich langsam entfernen, begleitet vom halb wachen, halb träumenden Bewusstsein, dazwischenliegend. Peter Handke führt in seinen Aufzeichnungen „Vor der Baumschattenwand nachts“ immer wieder jenes „nunc stans“, das „zeitlose Jetzt“, für Momente einer

1 | Handke 2016, S. 158.

vielleicht so zu bezeichnenden wahrnehmenden Gedankenlosigkeit an[2], in denen die Dinge unserem leiser werdenden Sprechen plötzlich zu antworten scheinen. Im Raumporträt Menzels scheint etwas wie Innigkeit auf, ein Zustand der sanften Überredung zum Innehalten, zum Zuhören, eine traumverwandte Verbindung des Selbst mit Anderem und Anderen. Etwas Wartendes, wenn man so sagen kann, scheint über dem Zimmer zu liegen – „Che divotione! Che silenzio!" zitiert Handke in den gleichen Aufzeichnungen Bernini, der dieses vor dem Bild der Firmung aus der Serie der „Sieben Sakramente" Nicolas Poussins ausgerufen haben soll.[3] Der von Menzel gezeigte Raum sagt im Sinne des einführenden Satzes tatsächlich nichts, er *entfaltet* und lässt Dinge wie Ereignisse damit *in sich ein*; solche Ereignisse, die entgegen unseres heute gebräuchlichen Sinns für das Wort bedeutsam gerade in ihrer Fast-nicht-Wahrnehmbarkeit, in ihrem stillen Selbst-Sein sind, womit auch uns, dem Betrachter, genug Raum zum Eintreten gegeben wird.

Alles, was hier angesichts des „Balkonzimmers" Menzels zu beschreiben versucht wird, könnte man auch unter dem Begriff der „In-Beziehung-Setzung" subsumieren. Und dieser auf Zusammenhang zielende Begriff öffnet das weite Feld der poetischen Qualität sowohl dieses einen Raumes als auch der möglichen poetischen Dimension architektonischen Raumes an sich. Ist doch die bezeichnete Qualität des Einlassens, des wartenden Zuhörens, als In-Beziehung-Setzung des So-Seins des Raumes mit Anderem und Anderen eng verwandt mit dem diskutierten Poiesis-Gedanken der Hervorbringung und In-Werk-Setzung. Die quasi reale Symbolik des geöffneten Fensters in Menzels „Balkonzimmer" spricht beispielsweise aus, dass hier ein verräumlichtes Zwiegespräch gedacht und entworfen ist, welches auch auf anderes sehen und dieses hervor-bringen will, womit

2 | Ebd., S. 225.

3 | „Welch Hingabe! Welche Stille!", zit. aus: Ebd., S. 294.

Adolph Menzel: Das Balkonzimmer, 1845

dieser Raumcharakter einen wahrnehmbaren Gegensatz zum diskutierten Begriff der erzeugenden techné bilden würde. Sagt der Gedanke der Erzeugung im übertragenen Sinne „Ich“, welches im rein technischen Werk noch verdoppelt wird, so fragt das poetisch-hervorbringende Werk immer nach dem „Du“, welches zum „Ich“ gehören könne. Ob dieses nun die im Raum formulierte Frage nach Bedeutung im Dialog mit der naturhaften Wirklichkeit sei, oder ein „Du“ in Gestalt eines anderen Menschen, einer Familie, einer Gesellschaft – immer sucht der Gedanke der poiesis nach dem Anderen zum Selbst, aus der Erkenntnis heraus, dass im singulären „Ich“ weder Wahrheit noch Hoffnung zu finden ist. Hierauf zielt Jürgen Habermas' Diktum der auch oder gerade heute unmöglichen Sinnbegründung der menschlichen Existenz, wenn er sagt: „[...] das menschliche Dasein ist, jedenfalls so, wie es ist, der ontologischen Begründung seiner selbst gar nicht mächtig.“[4]

Der architektonische Raum ist in dieser Hinsicht nun geradezu per definitionem dem Singulären entgegengesetzt, indem sein Charakter der Rahmung mindestens zwei Dinge miteinander in ein Verhältnis setzt: den Rahmen mit seinem Inhalt. Von dieser Grundlegung ausgehend, mögen sich die Beziehungssetzungen durch Öffnungen, Raumfolgen, Funktionen usf. soweit potenzieren, dass man sagen könnte, dass ein wie von Adolph Menzel dargestellter Raum das feinnervige Geflecht menschlicher Bezüge zur Außen- und Mitwelt zum Ausdruck zu bringen vermag. Rudolf Schwarz' Formulierungen zum Sakralbau würden daran insofern anschließen, als dass für ihn ein Langhausbau mit Vierung die Liturgie des Gottesdienstes abbildet, ein kreisförmiger Zentralbau hingegen die sich versammelnde und an den Händen fassende Gemeinde.[5] Was nur noch-

4 | Habermas 1981, S. 76; die Ontologie bezeichnet in etwa die Lehre vom Sinn des Seins.

5 | Schwarz 1951, S. 80f.

mals benennt, dass der architektonische Raum, der vom Punkt aus, dem Vereinzelten des „Ich“ konzipiert wäre, als allein schon geometrischer Widersinn erscheint – der in realita allerdings trotzalledem baubar ist, indem das „Ich“ sich mit seinen technischen bzw. gedanklichen Verdoppelungen umgibt, was jedoch kaum zu einem an Beziehungen reichen Raum führen mag. Anders gesagt, wäre ein Gedicht, welches nur „Ich“ sagte, so sterbenslangweilig wie ein anderes bewegend sein könnte, welches von der abenteuerlichen Reise des Selbst in der Wirklichkeit erzählte, mit all darin enthaltenen Begegnungen, mit allem Glück und allem Schmerz.

Das das Einzelne und das Räumliche dabei auch als biografisch-inhaltliche Abfolge verstanden werden könnte, das mag sichtbar werden im Kloster „San Benedetto“ im Aniene-Tal bei Subiaco, welches nahe bei Rom liegt. Dieses Kloster ist der gewissermaßen geistige Gründungsort des Benediktinerordens; hierher, in eine Felshöhle des Monte Talèo, zog sich um das Jahr 500 Benedikt von Nursia zurück. Drei Jahre soll er in seinem selbstgewählten Eremitendasein in dieser Höhle, der „Sacro Speco“, gewohnt haben, versorgt nur von einem Mönch aus einem nahegelegenen Kloster, der an einem Seil Essen und Trinken zur unzugänglichen Höhle herunterließ. Was er dort suchte, in diesen drei Jahren der Einsiedelei, erklärt sich aus der uralten Tradition des Eremitentums, in der völligen Abgeschiedenheit von der Außenwelt den reinen und unverfälschten Dialog zu Gott finden. Hier also, mit der „Sacro Speco“ hätte man es beinahe mit einer Negation des architektonischen Raumes zu tun, welche in der gesuchten Vereinzelung Benedikts begründet ist. Der Grund des Rückzuges in die Höhle, alle Beziehungen zu Anderem und Anderen abzubrechen, soweit das eben möglich ist, reduziert auch das Räumliche auf ein Minimalmaß. Aber in diesem Minimalen, der Reduktion des Raumes auf archaischen Rahmen und singulärem Inhalt, auf die Höhle also und den allein nach Gott suchenden Menschen, liegt zugleich der Keim einer wundervollen, räumlichen Öffnung zum Außen und zur Wirklichkeit in

Aniene-Fluss bei unterhalb des Klosters San Benedetto bei Subiaco

Form der Begründung des Benediktinerordens und der aus ihm hervorgehenden Klosterarchitektur mit ihren um die Kirchenschiffe gelegten Kreuzgängen, Höfen und Gärten. Diese Klöster sollten mehr oder weniger zum räumlichen Abbild der von Benedikt nach dem Auszug aus der „Sacro Speco" verfassten Ordensregel werden, welche die Verbindung der geistigen Hinwendung zu Gott in der gelebten Nächstenliebe und der handwerklichen Arbeit, vor allem in der Landwirtschaft bezeichnet und später im Sinnspruch des „ora et labora et lege, Deus adest sine mora" zum Ausdruck kam, dem „Bete, arbeite und lies: Gott hilft immer und ohne Verzug".

Bereits Vitruv beschrieb die Höhle als eine der Urbehausungen des Menschen vor aller Architektur[6] und interessant erscheint in diesem Zusammenhang das von Vitruv festgehaltene Motiv der Menschen, aus dieser Höhle auszuziehen und artifizielle Behausungen zu konstruieren, aus denen in immer weiterer Verfeinerung schließlich Architektur werden sollte: Jenes Motiv ist die räumliche Umschließung und der physische Schutz jener menschlichen Gemeinschaft, die sich um das in der wilden Landschaft zufällig gefundene Feuer versammelte und dort, in der Gemeinschaft, die menschliche Sprache entwickelte sowie, da sie „aufrecht gerichtet (erectus) einhergingen, die Herrlichkeit der Welt nebst Gestirne unmittelbar schauten"[7]. Die Beziehungen der Menschen zueinander, welche in der Sprache archetypisch zum Ausdruck kommen, sowie die In-Beziehung-Setzung zum erblickten Kosmos bilden nach Vitruv also den Grundriss des Architektonischen und damit den Anlass für den ersten von Menschen konstruierten Raum. Die Koinzidenz dieser vitruvianischen Annahme zu dem Motiv des schließlichen Auszugs Benedikts aus der Höhle Subiacos und der anschließenden Gründung des ersten Klosters der Benediktiner auf dem Monte Cassino zwischen Rom und Neapel zeigt nur

6 | S. Vitruv, 2,1, zit. aus: Ders. 1987, S. 55.

7 | Ebd., S. 56.

noch einmal, wie stark der architektonische Raum an sich im Poetischen wurzeln mag, indem ihm der Gedanke eines als bedeutsam gefundenen „Du“ und „Anderem“ vorausgeht, welches erst umhüllt und damit hervorgebracht, sprich: in Raum gebracht werden kann. Die vorarchitektonische Begegnung mit dem intersubjektiv Bedeutsamen erscheint so als die *conditio sine qua non* poetischer Räume, da aus dieser Begegnung sich im übertragenen Sinne erst Maße, Geometrie und Öffnungen dieser Räume bestimmten. Insofern könnte der suchende Reflexionsprozess Bedendikts, sein Gewahrwerden des großen „Glaube, Hoffnung, Liebe“[8], – könnte dieses alles Anlass sein, sich vor dem ersten Strich eines Entwurfes dessen bewusst zu werden, was die eigenen Quellen von Bedeutsamkeit, das selbst gefundene „Du“ sein mag, mit welchem man das räumliche Gespräch suchen will.

Im nur einige Kilometer südlich von Subiaco gelegenen Zisterzienserkloster Fossanova aus dem 12. Jahrhundert lässt sich dann auch der ganze architektonische Reichtum und die Stringenz der Verräumlichung des von Benedikt gefundenen Anderen im Glauben Gottes betrachten.[9] Die nicht auf Beeindruckung setzende, sondern vielmehr in ihrer Sanftheit beeindruckende Kraft, welche von einer In-Werk-Setzung der Nächstenliebe und der Liebe zu Gott ausgehen mag – ganz losgelöst davon, ob man letztere nun teilt oder nicht –, scheint spürbar präsent im fast weißen Kalkstein der Mauern und Gewölbe, der Kreuzgänge und Loggien, in den sakralen und profanen Räumen des Klosters, die in die Natur und Landschaft des Südlatiums eingewoben sind. Die laubschattigen, sanft den Höhenlinien der Landschaft folgenden Wege und Plätze, der in Raum gefass-

8 | 1. Korinther, 13: „ Nun aber bleiben Glaube, Hoffnung, Liebe, diese drei; aber die Liebe ist die größte unter ihnen."

9 | Der Zisterzienserorden ging mit dem Motiv der Rückbesinnung auf die Ideale der Benediktsregel aus dem Benediktinerorden hervor.

Kloster Fossanova, Latium, ab dem 12. Jh.

te Kontrast des üppigen Blattwerks der Bäume und Gärten mit den ruhig gesetzten, kargen Mauern, nur Lind-, Oliv- und Schwarzgrün vor dem Hell- und Weißocker der Steine, leise winddurchweht, hier und da brunnenrauschend; die zum Kloster gehörenden Ställe, Scheunen und Wirtschaftsgebäude, der die Anlage säumende Hain, und immer: Stille, Ruhe, der dunkle, archaische Kirchenraum – diese Architektur wäre vielleicht am besten mit dem Begriff der „Versöhnung" beschrieben. Sie will in ihrer wortwörtlichen Kultiviertheit, in ihrer dem „Hegen und Pflegen"[10] verpflichteten Gestalt, wie ein sinnerfüllt sprechendes Monument wirklichen Lebens, eines auch möglichen, erscheinen. Blickt man allerdings auf die Umgebung, in welcher Fossanova heute liegt, so mag all dieses zu einem, je nach Sichtweise, fast melancholischen oder auch tiefernsten Memento werden. Wie eine wasserführende Oase liegt heute das Kloster inmitten der durch die industrialisierte Landwirtschaft ausgewrungenen und verdorrten Wüstenlandschaft des Südlatiums; einer Landschaft, welche als vielleicht prototypisch zeitgenössische von Zersiedlung und Infrastruktur wie in Scheiben geschnitten erscheint. Der Gegensatz zwischen dieser von unserem anscheinend Zerstörung mehr oder minder implizierenden Lebensstil gezeichneten Landschaft zu den wohlgesetzten Räumen des Klosters erscheint wie ein Spiegel unserer Selbst: Je nachdem, wie man in diesen hineinschaut, so schaut die Wirklichkeit dieser Orte zurück.

Wäre Nihilismus vielleicht in diesem Zusammenhang die treffende Übersetzung des *Raumlosen*, so sieht uns in dieser dem Fetisch der Nutzenoptimierung zugerichteten Landschaft die Verwüstung einer Welt an, in welche wir uns mit der an sich wertfreien und notwendigen, hier aber offenbar nicht mehr maßvoll gebrauchten techné eingeschlossen haben. Max Webers Wort des „stahlharten Gehäuses"[11] eines über die Ufer tretenden

10 | Kultur von lat. *colere*, hegen und pflegen, s. a. Heidegger 1951, S. 141ff.

11 | Weber 1905, S. 188.

Rationalismus in Folge der „Entzauberung der Welt"[12] liest sich dabei wie eine Beschreibung der blickdicht gemachten Höhle unserer modernen Gesellschaft, aus der wir nicht, wie Benedikt von Nursia es tat, heraustraten, sondern uns im technisch hochgerüsteten Singulären einrichteten, um, wie es scheint, nur mit diesem noch über uns sprechen zu wollen. Bemerkenswert bleibt dabei auch, dass allen zeitgenössisch gerne vorgebrachten Argumenten der Überlegenheit einer modern-agnostischen Kultur gegenüber jeder religiös geprägten Weltsicht wie zum Trotz die Voraussetzungen modernen Denkens maßgeblich von eben diesem religiösen Denken und Handeln gerettet wurden. Als Europa mit dem Niedergang des Römischen Reiches ab dem 6. Jahrhundert in das so bezeichnete „Dunkle Zeitalter" versank, war es mitnichten das vermeintlich nur rationale, freie Spiel der Interessen und Marktkräfte noch eine begründungslos in den Menschen eingeborene, natürliche Moralität und ethisches Feingefühl, welche es vermochten, das überlieferte Wissen der Antike von Sokrates über Platon bis Aristoteles sowie die mühsam über Jahrhunderte erfundenen und eingeübten Kulturtechniken zu erhalten. Es waren vielmehr in ganz entscheidenem Maße die Klöster, in welchen jene so fragile Kultur bewahrt und überliefert wurde, welche in der Folge die Grundlagen der modernen Zivilisation legen sollte. So sollten beispielsweise die im Kloster St. Gallen sowie im Benediktinerkloster Montecassino getrennt aufbewahrten und schließlich zusammengeführten, originalen Abschriften der „Zehn Bücher über Architektur" Vitruvs durch ihre Wiederentdeckung im frühen 15. Jahrhundert nicht unbeträchtlichen Anteil nehmen an der Entwicklung der Architektur der Renaissance.[13]

„Ich habe mich oft gefragt
Und keine Antwort gefunden

12 | Weber 1917, S. 19.

13 | S. Grassnick 1982, S. 5.

Woher das Sanfte und das Gute kommt.
Weiß es auch heute nicht. [...]"[14]

Es hat eben einen ganz eigenen Zauber, das Gebot des Mitgefühls, das, wie Gottfried Benn es formulierte: „Sanfte und Gute" in Räume wie die Fossanovas übersetzt zu sehen, wo es wie eine jenseits aller kirchlich-religiösen Voraussetzungen gestellte Frage uns anzuschauen scheint. Die Räume, der Raumgedanke Fossanovas als großes, zuhörendes Gespräch des Menschen mit dem Wirklichen, sie scheinen dabei so fernab zu stehen von heute mitunter populären Entwurfs-Begriffen wie Performanz, Datascaping, Folding usf. Überhaupt wäre ihr Charakter nicht schlechter zu beschreiben als mit etwas Ausgedachtem oder auch Gemachten, Erfundenen. Erstaunen mag dabei ein Blick auf den Lageplan des Klosters hervorrufen, der unserem auf geometrische Reize trainierten Auge so gar nichts Außergewöhnliches mitzuteilen scheint. Keine mondriansche Komposition, keine den Prinzipien der Reihung, Brechung, Kontraposition usf. gehorchende Anordnung der Baukörper ist hier zu finden, die zeitgenössische Lagepläne mitunter wie geschickt gewebte ornamentale Teppichmuster erscheinen lassen. Zwar zeigt sich die typologisch geläufige räumliche Verdichtung der Anlage um den zentralen Kreuzgang mit Klosterkirche herum, aber gerade die umgebenden, fast wie dahingewürfelten Wirtschaftsgebäude geben durch diesen Plan keinerlei Auskunft von dem beschriebenen Charakter der tatsächlichen Räume und ihrer poetisch zum Ausdruck gebrachten Schönheit. Doch zeigt dieses vermeintliche Missverhältnis von Plan und Wirklichkeit unter Umständen nur auf ein Missverständnis, dem wir, entwerfen wir heute Räume, unterliegen könnten. Denn vielleicht wäre die in der Projektion des Planes sich abbildende Komposition gar nicht so ernst zu nehmen, wie sie sich dem „lesenden"

14 | Gottfried Benn: Menschen getroffen, 1955, zit. aus: Spaemann 1994, S. 16.

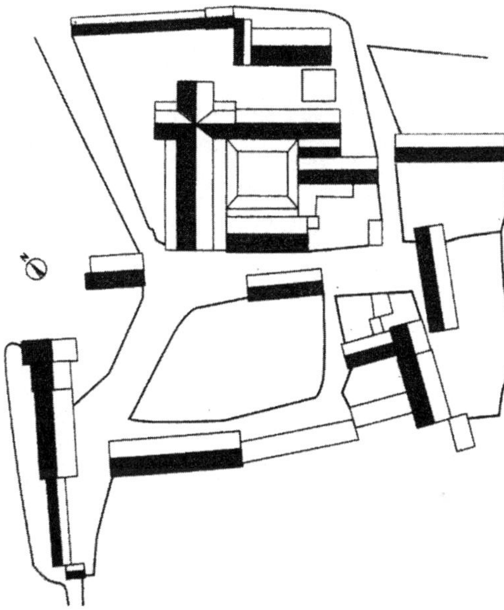

Kloster Fossanova, Latium, ab dem 12. Jh.; Lageplan o. Maßstab

Betrachter präsentiert, man in einer solchen Betrachtungsweise des Entworfenen vielmehr Gefahr läuft, Schnitt- und Lagepläne für das Ergebnis selbst zu nehmen und beginnt, sie wie Tafelbilder zu betrachten. Abgemildert würde das auch auf solche Modelle zutreffen, die z. B. als weiße, städtebauliche Massenmodelle soweit abstrahiert sind, dass man versucht ist, diese als eigenständige Skulptur bzw. Basrefliefs zu interpretieren.

Was könnte daraus folgen? Hinsichtlich eines Versuches, das Gebaute und die poetische Qualität von Räumen wie denen Fossanovas in eine adäquate, auch heute denkbare Form der entwurflichen Imagination und Methode gleichsam rückzuübersetzen, mögen die von Italo Calvino in seinen „Sechs Vorschlägen für das nächste Jahrtausend“[15] festgehaltenen Gedanken zum Begriff der „Genauigkeit“ wichtige Hinweise geben. Auch wenn Calvino in seinen sechs in Harvard gehaltenen Vorlesungen im Kern über die Perspektiven der Literatur spricht, so ist eigentlich alles, was er darüber zu sagen hat, auf die Architektur und das Denken von Räumen übertragbar und damit natürlich von besonderem Interesse, wenn man über deren Poetik nachdenken will. Weshalb seine Beschreibungen und Folgerungen an dieser Stelle etwas ausführlicher betrachtet werden sollen.

Mit Genauigkeit meint Calvino zunächst, neben dem technischen Aspekt des geplanten, exakten technischen Aufbaus und der Ausführung des literarischen Werkes, vor allem eine solche der „Präsizion in der Wortwahl wie auch in der Wiedergabe der Nuancen des Denkens und der Phantasie“[16], welche durch die alten Ägypter durch „eine Feder symbolisiert [wurde], die als Gewicht auf der Seelenwaage diente“.[17] Davon ausgehend, fragt Calvino nach dem Stand der Dinge dieser Präzision in unserem heutigen Sprechen:

15 | Calvino 1991.

16 | Ebd., S. 84.

17 | Ebd., S. 83.

„Warum drängt es mich, Werte zu verteidigen, die vielen ganz selbstverständlich erscheinen werden? Ich glaube, mein erster Antrieb dazu kommt aus einer gewissen Überempfindlichkeit oder Allergie: Mir scheint, daß die Sprache immer nur in einer zufälligen, ungefähren und achtlosen Weise benutzt wird, und das irritiert mich ganz ungemein. [...] Manchmal scheint mir, als ob eine Pestepidemie über die Menschheit gekommen wäre und sie gerade in ihrer charakteristischsten Fähigkeit getroffen hätte, das heißt eben im Gebrauch der Worte, eine Pest der Sprache, die sich als Verlust von Unterscheidungsvermögen und Unmittelbarkeit ausdrückt, als ein Automatismus, der dazu neigt, den Ausdruck auf die allgemeinsten, anonymsten und abstraktesten Formeln zu verflachen, die Bedeutungen zu verwässern, die Ausdrucksecken und -kanten abzuschleifen und jeden Funken zu ersticken, der beim Zusammenprall der Worte mit neuen Situationen entsteht."

Und weiter:

„Ich möchte hinzufügen, daß es nicht nur die Sprache ist, die mir von dieser Pest befallen zu sein scheint. Auch die Bilder sind es. Wir leben unter einem Dauerregen von Bildern, die mächtigsten Medien tun nichts anderes als die Welt in Bilder zu verwandeln und sie durch eine Phantasmagorie von Spiegelspielen zu vervielfachen: Bilder, denen zum großen Teil die innere Notwendigkeit fehlt, die jedes Bild charakterisieren sollte, in der Form und im Inhalt, im Vermögen, die Aufmerksamkeit auf sich zu ziehen, und im Reichtum an möglichen Bedeutungen. [...] Mein Unbehagen betrifft den Verlust an Form, den ich überall konstatiere und dem ich die einzige Abwehr entgegensetze, die ich mir vorstellen kann: eine Idee der Literatur."[18]

18 | Ebd., S. 84f.

Diese „Idee der Literatur" und mit ihr eine sinnbildliche Beschreibung poetischer Genauigkeit findet Calvino schließlich von Giacomo Leopardi formuliert, welchen er eigentlich als Gegner des Gedankens literarischer Genauigkeit in seine Vorlesung einführen wollte, indem dieser behauptete, „daß die Sprache um so poetischer sei, je vager und ungenauer sie ist".[19] Vorausgeschickt, dass im Italienischen das Wort *vago* das Unbestimmte, zugleich jedoch auch das Anmutige und Reizvolle bezeichnet, zitiert Calvino schließlich eine Passage bei Leopardi, in welcher sich der nur scheinbare Widerspruch der Auffassung Leopardis zu seiner eigenen aufklärt:

„Ich blättere weiter im *Zibaldone* [...] und da finde ich eine etwas längere Eintragung, in der er besonders geeignete Situationen für die Stimmungslage des *indefinito* aufzählt: [...] ‚... das Licht der Sonne oder des Mondes, gesehen an einem Ort, wo sie nicht zu sehen sind und die Lichtquelle nicht zu erkennen ist; ein Ort, der nur zum Teil von diesem Licht erhellt wird; der Reflex dieses Lichtes und die verschiedenen materiellen Effekte, die sich daraus ergeben; das Eindringen dieses Lichtes in Orte, wo es ungewiß und behindert wird und nicht deutlich zu erkennen ist, wie in einem Röhricht, in einem Wald, durch halbgeschlossene Fensterläden usw. usw.; dasselbe Licht, gesehen an einem Ort, Gegenstand usw., an dem es nicht direkt einfällt, sondern wohin es von einem anderen Ort, Gegenstand usw., auf den es trifft, zurückgeworfen und verbreitet wird; in einem Korridor, von innen oder von außen gesehen, desgleichen in einer Loggia usw., jenen Orten, an denen das Licht sich vermengt usw. mit den Schatten, wie unter einem Portikus, in einer hohen hängenden Loggia, zwischen Felsen und Schluchten, in einem Tal, auf den Hügeln, gesehen von der Schattenseite, so daß ihre Gipfel vergoldet sind; der Reflex, den zum Beispiel ein farbiges Glas auf jenen Objekten hervorruft, auf denen sich die Strahlen, die durch

19 | Ebd., S. 85.

besagtes Glas gehen, brechen; kurzum, alle jene Objekte, die dank verschiedener Materialien und winziger Zufälle auf ungewisse, undeutliche, unvollendete, unvollständige oder ungewöhnliche Weise in unsere Sicht, an unser *Gehör* usw. dringen."[20]

Woraufhin Calvino schlussfolgert:

„Dies also ist es, was Leopardi von uns verlangt, damit wir die Schönheit des Unbestimmten und Vagen genießen können! Er fordert eine äußerst genaue und pedantische Aufmerksamkeit bei der Komposition jedes Bildes, bei der minutiösen Definition der Details, bei der Wahl der Objekte, der Beleuchtung und der Atmosphäre, um die erwünschte Vagheit zu erreichen. Mithin erweist sich Leopardi, den ich mir als idealen Gegner meiner Apologie der Genauigkeit ausgewählt hatte, als deren entschiedener Befürworter... Der Dichter des Vagen kann nur der Dichter der Präzision sein, der noch die feinste Empfindung mit Augen, Ohren und flinken, sicheren Händen erfaßt."[21]

Fast meint man, Leopardi über das „Balkonzimmer" Menzels sprechen zu hören, – was nicht zufällig erscheinen will: Die von Leopardi beschriebenen Situationen und der Raum des „Balkonzimmers" sind verbunden durch den Charakter des Beobachtens, des „Geschehen-Lassens", was im starken Kontrast zu allem Ausgedachtem, jedem „Geschehen-Machen" steht. Beiden gemein ist die präzise Beobachtung und Verbildlichung bzw. Verräumlichung sich ereignender In-Beziehung-Setzungen von wirklichen und eben nicht abstrakten Dingen und Geschehnissen – wie das Naturhafte des Lichtes, dessen Reflexion auf Felsen, gebrochen von Fensterläden, Vorhängen oder farbigem Glas. Ist unserem Entwerfen und Denken

20 | Ebd., S. 86ff.

21 | Ebd., S. 88.

von Räumen aber nicht vielleicht genau diese Feinfühligkeit gegenüber dem „Zu-Umhüllenden“ abhanden gekommen? In dem Sinne, dass die Ebene der Feinfühligkeit zwar zweifelsohne auch heute noch vorhanden ist, sie sich aber auf eine abstrakt-kompositorische Form der Gestaltung zurückgezogen hat und dabei sozusagen den Anlass feinfühliger Gestaltung, das Leben in all seinen feinen und zerbrechlichen Beziehungen mittels mitunter fast hypertroph erscheinenden Theorien hinter sich gelassen hat? So dass jenes, was dann übrigbleibt, von abstrakten Konzepten, Mustern und Strategien geformt, leer und stumm um sich selbst kreist, ohne noch etwas auszusagen über das „indefinito“, die poetische Kraft des „vago“? Was aber wünschen wir uns *eigentlich* von Räumen? Mindestens doch vielleicht dieses: das sie nicht im Wege stehen mit einer laut sich in den Vordergrund drängenden Sprache ihrer Gestaltung, so dass, wenn die Wirklichkeit in Momenten, auch in jenen „winzigen Zufällen“ zu erzählen beginnt von solchem, was Mies als „Glanz des Wahren“ zitierte. Und wir uns einbezogen fühlen, nicht aber ausgeschlossen von Räumen, welche die In-Beziehung-Setzung zu Anderem und Anderen *denken* und *erzeugen* wollen.

Eine solche Auffassung des Raumentwurfes wäre vielleicht zu vergleichen mit dem Anspruch, eine Begegnung mit einem geliebten Menschen bis zum kleinsten Augenblick, bis in das Gespräch hinein, inklusive den von diesem zu gebende Antworten, zu planen, was zu einem dann auch mehr als erwartbaren Ergebnis führen mag. Rudolf Schwarz sprach nicht nur von der Übersetzung der kirchlichen Liturgie in architektonische Raumformen, er sprach in anderem Zusammenhang auch davon, dass die moderne Architektur erst dann ganz zu sich kommen werde, wenn sie in der Lage sei, ein „liebevolles Haus [...] für liebevolle Menschen“[22] zu entwerfen. Mag dieser Satz auch auf den ersten Blick eher rätselhaft erscheinen, so spricht aus ihm eine tiefe Einsicht sowohl über die Gefahren

22 | Schwarz 1929, S. 201.

der verstandesrationalen Verkürzung, wie zugleich über die poetischen Perspektiven modernen Bauens, welche das essentielle Absehen von sich selbst und den nur hinweisenden Charakter auf das Bedeutsame mitbedenken. Das eine solche räumliche Rücksichtnahme nun nicht zu weißen, abstrakten Räumen führen muss und solche auf die Kern- bzw. Leistungsform reduzierten Räume vielleicht sogar eher der Haltung des Erzeugenden anstelle des Hervorbringenden und In-Werk-Setzenden Ausdruck geben, sei in diesem Zusammenhang nur nebenbei angemerkt.[23]

Einen Raum zu denken von der Weite seiner in ihm angelegten realen und konzipierten Öffnungen zur Wirklichkeit aber könnte eine Konsequenz aus dem von Menzel Gezeigten und von Leopardi und Calvino Beschriebenen darstellten. Konkret in eine Entwurfskonstellation umgesetzt hieße das, dass es eben einen großen Unterschied macht, ein Zimmer in einem Wohnhaus mit der Bezeichnung „Zimmer", welches in eine Raumkonstellation von Wohnzimmer, Küche, Bad, vielleicht noch Bibliothek eingebunden ist, räumlich zu imaginieren und zu entwerfen, woraufhin dann das architektonische Vokabular des Zeitgenössischen über diesen Raum ausgeschüttet würde; oder aber ein solches Zimmer von einem poetischen Moment von Bedeutung, der Begegnung sein mag, entwerfend zu denken, wie er so prägnant beschrieben ist von dem Gegenwartsdichter Steffen Popp in seinem Poem „Winter, Jerusalem":

„aber die Welt atmet weiter | an meinem Fenster, kein Fluch | treibt sie aus ihrem Geheimnis | [...] Feldweit, unter Schneezäunen | sinkt sie zurück, in einen Schlaf aus Granit"[24]

23 | Zur Geschichte und Wirkung des abstrakten Bauens s. Köppler 2010, S. 173ff.

24 | Popp 2007, S. 30.

Und wenn es dabei helfen mag, einen solchen Raum in seinem Entstehen erst einmal, so gut es eben geht, von allen eigenen Konzepten freizudenken und ihn damit der Lebenswelt und der Wirklichkeit Anderer und Anderem anzunähern, so wäre unter Umständen damit schon viel gewonnen. Dabei soll hier mitnichten die natürlich essentielle handwerklich-künstlerische Gestaltung des Raumes kleingeredet werden. Es soll nur gesagt sein, dass die Einhaltung einer Reihenfolge von *zuerst* erinnerten, bzw. imaginierten Momenten in-Beziehung-setzender Bedeutung des Raumes und seiner *darauf* aufbauenden architektonischen Gestaltung vielversprechend erscheint hinsichtlich seiner schlussendlich realisierten poetischen Qualität.

Ein Lehrmeister für uns Architekten könnte dabei die Bühnenbildarchitektur des Theaters sein. Dass eine poetische Kraft in gebauten Bühnenräumen scheinbar so viel öfter als in der gebauten Welt der Architektur vorkommt, könnte man zwar dem Temporären dieser Räume, der Sondersituation des Theaterbesuches, den Möglichkeiten der künstlichen Beleuchtung, des Tons, sprich: der atmosphärischen Intensität der Ausdrucksmittel zuschreiben.[25] Man könnte jedoch auch annehmen, dass die zweifelsohne im Theater auch heute lebendige Poetik von Räumen in ganz anderem wurzelt und sie sich darin begründen könnte, dass deren Grundrisse *eo ipso* von Erzählungen erfahrener Bedeutung abgeleitet sind: namentlich aus den Bühnendramen, deren Geschehnissen die Bühnenbilder Raum geben. Die postulierte Voraussetzung eines poetischen Raumentwurfes, ist hier – in entsprechenden Stücken – bereits vorhanden: die erzählende Suche nach Bedeutung und Wahrheit für und zwischen uns, welche für die Aufführung nach einer dieses umhüllenden Raumform sucht. Annette Kurz, Bühnenbildernin am Thalia Theater in Hamburg, sagte dazu:

---

25 | Wie u. a. von Gernot Böhme in „Architektur und Atmosphäre" beschrieben, s. Böhme 2006, S. 176.

Annette Kurz: Bühnenbild zu „Penthesilea" von Heinrich von Kleist, Schaubühne Berlin, 2008

„Und deswegen bleibt es [das Bühnenbild] immer nur ein Kommentar, oder besser: eine ‚Variation auf'. Mit anderen Mitteln. Denn ich schreibe ja nicht. Sondern ich mache Objekte. Und ich habe einen Raum, einen begrenzten Raum und Zeitraum zur Verfügung. [...] Dazu habe ich ein Gefühl, was für die Schauspieler möglich sein sollte in diesem Raum. Mein Weg ist, dem Raum dann eine Art Zentrum zu geben, das gewisse Bewegungen generiert. Auch Gefühlsbewegungen. Aber das ist eben meine Interpretation oder meine Variation auf das, was der Schriftsteller geschrieben hat. Es ist also quasi eine räumliche Antwort auf das Wort. Oder ein Dialog. [...] Das ist eben das Spannende. Daß anhand von Menschen und Geschichten, die wir mitfühlen und mitverstehen können, wir auch etwas darüber verstehen, wie die Welt sich entwickelt hat. Weil, wir wissen, was es heißt, sich zu verlieben oder Kinder zu haben oder einen nahen Menschen zu verlieren."[26]

In übertragenem Sinne könnte man sich als Architekt das Stück, welches Bauherren leben, gedanklich auf- und nachschreiben und sicherlich wäre dieses kein Einzeiler, sondern eine ein jedes Leben ausmachende Erzählung von Freude, Liebe, Träumen und Hoffnungen, Erinnerungen und Ängsten, – kurz: es wäre ein im Kern existenzielles Stück Literatur, welches nur entdeckt werden will. Erneut kann man an dieser Stelle Habermas zitieren, dessen großes Thema der nicht abbrechende Dialog in der Gesellschaft über die kostbaren Gehalte des Lebens- und Zusammenlebens ist:

„Diese Intuition [als Grundlage seiner Arbeit] stammt aus dem Bereich des Umgangs mit anderen; sie zielt auf Erfahrungen einer unversehrten Intersubjektivität, fragiler als alles, was bisher die Geschichte an Kommunikationsstrukturen aus sich hervorgetrieben hat – ein immer dichter,

26 | Kurz 2016, unveröffentl. Teil eines Gespräches mit dem Autor.

immer feiner gesponnenes Netz von intersubjektiven Beziehungen, das gleichwohl ein Verhältnis zwischen Freiheit und Abhängigkeit ermöglicht [...] Wo immer diese Vorstellungen auftauchen, ob bei Adorno, wenn er Eichendorff zitiert, beim Schelling der ‚Weltalter', beim jungen Hegel, ob bei Jakob Böhme, es sind immer Vorstellungen von geglückter Interaktion. Gegenseitigkeiten und Distanz, Entfernungen und gelingende, nicht verfehlte Nähe, Verletzbarkeiten und komplementäre Behutsamkeit – alle diese Bilder von Schutz, Exponiertheit und Mitleid, von Hingabe und Widerstand, steigen aus einem Erfahrungshorizont des, um es mit Brecht zu sagen, freundlichen Zusammenlebens auf. Diese Freundlichkeit schließt nicht etwa den Konflikt aus; was sie meint, sind die humanen Formen, in denen man Konflikte überleben kann."[27]

Treffender als mit diesen Worten kann wahrscheinlich die Vielschichtigkeit wie das Kostbare dessen kaum beschrieben werden, welches einer poetisch gedachten Raumkomposition als „Form des Humanen" zugrunde liegen könnte. Sieht man mit diesem Blick auf Räume wie beispielsweise jene der spätmittelalterlichen Albrechtsburg in Meißen und sieht sich die in den Grundriss projizierten, vielfältigen Gewölbeformen an, so mag dieses eine Ahnung davon geben, wie poetische Vielstimmigkeit und Beziehungsreichtum des Lebens mit den Übersetzungen des architektonischen Raumes korrespondieren können. Der zentrale poetische Gedanke dabei, die Öffnung des Gebauten zum Nicht-Ich, zu Anderem und Anderen schließt dabei ein, was in den vorhergehenden Kapiteln über die Konstruktion und den Naturbezug des Gebauten gesagt war. Dazu tritt hier das Räumliche, in all seinen denkbaren, in-Beziehung-setzenden Typologien, Geometrien und Öffnungsformen, mit seiner Materialität, Farbigkeit und Lichtführung: Wie ein romanisches Obergadenfenster, gesehen im Kerzenhalbdunkel eines Weihnachtsgottesdienstes, stehend,

27 | Habermas 1985, S. 202f.

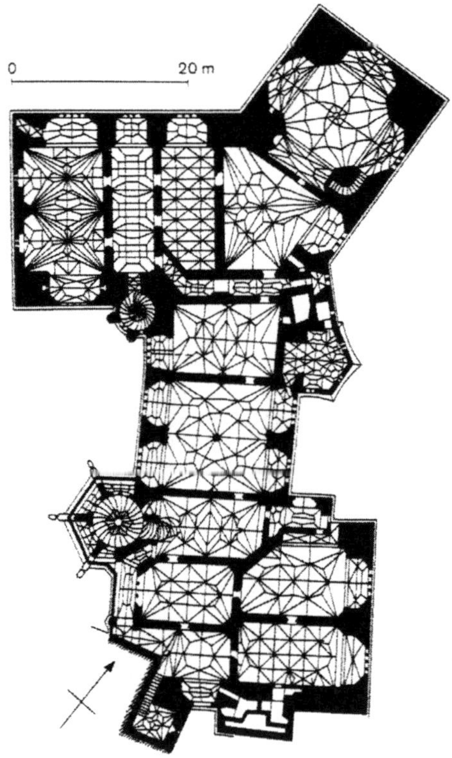

Grundriss der Albrechtsburg in Meißen, 2. OG, 1485

rundbogenüberwölbt, gerichtet in eine schwarze Baumkrone, in die Dunkelheit des Winterabends, im Kirchenschiff die Stimmen des Chors, die feine, mehrfache Abstufung der Laibung, an dieser Stelle farbig liniert, im einfach verputzten Mauerwerk, – es hebt die ganze Tiefe der Dualität von kulturellem Innen und naturhaftem Außen hervor; oder eine Feldmauer, am Kloster Michaelstein im Harz, mit einer Holzbank an dem gewölbten, aus Bruchkalksteinen gebauten, einfachen Tor zur Landschaft, die alten, mächtigen Bäume zwischen den Klostergebäuden, die sanften, schwarzgrünen Ausläufer des Ostharzes, Sandboden, Felderlinien, – als erinnerter Ort des Eingelassenseins in eine überzeitliche Idee der Versöhnung von Menschen- und Naturwerk; oder John Soanes Haus in London, gebautes Kaleidoskop erzählter Weltsichten, räumliches Gespräch über die Geschichte der Kultur, Stimmen der Künstler, Länder, Kontinente, überschirmt von Kuppeln und eigentümlichem Licht, auf unerklärlichen Wegen einfallend, farbige Wände und Stoffe, indirekt beleuchtet; oder das Haus Lemke von Mies, am Obersee in Berlin, die unglaubliche Genauigkeit der Proportionen der Räume, die Setzung der Fenster, die Rahmung des Blicks auf die große Linde im Garten, vor dem Seespiegel, von den schmalen Stahlprofilkreuzen der großen Gartenglaswände präzise umzeichnet, der Schatten des Walnussbaumes auf der Terrasse, still bewegt auf dem weichgebrannten, hellroten Ziegel – das räumliche, weit gespannte Netz der Architektur geschützten Zusammenlebens; – *usf.*

5. Stadt

„Das meinte Castoriadis mit ‚Imagination'. Benjamin ist beispielsweise anhand von Baudelaire jenen Erfahrungen einer großstädtisch konzentrierten Lebenswelt nachgegangen, die wie ein neuer Kontinent im Paris des 19. Jahrhunderts [...] aufgetaucht sind. Kafka und Musil bieten sich als literarische Beispiele für den Erfahrungsraum der zerfallenden K. u. K-Monarchie an, Celan und Beckett für eine durch Ausschwitz veränderte Welt. Unsere moralisch-praktischen Überlegungen und Diskurse sind durch diese Produktivität betroffen, insofern nämlich, als wir nur im Lichte solcher Innovationen sagen können, was wir *wirklich* wollen, und vor allem: was wir *nicht* wollen können. Nur in diesem Lichte finden wir einen genauen Ausdruck unserer Interessen."[1]
Jürgen Habermas

Betritt man, von Westen kommend, nach langem vorbereitenden Aufstieg über die Stufenrampe, die sog. *cordonata*, an einem frühen Abend den von Michelangelo gestalteten Kapitolsplatz in Rom und steht auf dem schwarzen Basaltstein – warm noch vom Sonnenlicht des Tages – plötz-

1 | Habermas 1985, S. 238f.

lich im Spannungsfeld des tief-kräftigen Reliefs der Travertinfassaden der Palazzi dei Conservatori und Nuovo, – so mag in einem wortlosen Augenblick sich ästhetisch vermitteln, dass auch die Architektur der Stadt eine, von Habermas so beschriebene, existenzielle „Imagination" unseres Lebens und Zusammenlebens darstellen kann. Jener der Renaissance eingeschriebene Gedanke des Ebenmaßes, die von Alberti beschriebene *concinnitas*[2], ereignet sich auf dem Kapitolsplatz mit einer fast schon gegen den Begriff selbst gerichteten Wucht, die plastisch werden lässt, dass die Stadt als Kunstwerk verstanden in ihren zentralsten Momenten der Plätze und Platzarchitekturen ein Ort sein kann, in welchen Sinnordnungen sich räumlich manifestieren und damit, wie Habermas sagt, die sinnreflektierenden Diskurse der Bewohner sich wechselseitig prägnant machen können. Das dem Physischen zugehörige geistige Leben, sein ihm eigenes Fragen nach Wahrheit und Bedeutung findet in Michelangelos geformten Körpern, Räumen und Lineaturen ein Echo, einen Widerhall, und dieses in zweierlei Hinsicht:

Zum einen in der transzendenten Symbolik der antiken Ordnungen und Ornamente, die dem Wiedereintritt jener antiken Philosophie in der Tradition Platons und Aristoteles' in das europäische Denken Ausdruck verleihen, welche das christlich-religiöse Weltbild schließlich erweitern sollte. Dabei sind diese Ordnungen in Zusammenschau mit dem Ganzen von Michelangelo in eine solche Komposition gebracht, die den Gedanken der Urbanität im Wortsinne, als Idee und Anspruch kultureller Hervorbildung nachzuzeichnen scheint[3]: Die trapezförmige Stellung der den Platz flankierenden Palazzi *entgegen* der perspektivischen Verjüngung von deren

2 | Alberti IX, 5, zit. aus: Ders. 1912, S. 492; s. a. Kruft 1995, S. 51.

3 | Der Begriff der Urbanität leitet sich ab von lat. *urbanus*, gebildet, geistreich; Kant bezog sich noch auf diese ursprüngliche Bedeutung, wenn er von der „Urbanität der oberen Erkenntnißkräfte" im Sinne von deren Hervorbildung und Verfeinerung spricht, was durch die bildenden Künste befördert werden kann, s. Kant 1793 (KdU), S. 329f.

Michelangelo: Kapitolsplatz in Rom, ab 1536

Raumkanten in Blickrichtung des zentralen Palazzo Senatorio bewirkt, dass beim beschriebenen Aufgang zum Platz von der westlichen Hauptseite her sich der Eindruck einer eigentümlichen, fast widernatürlich wirkenden Exakt- bzw. Geradheit einstellt. Die perspektivische Korrektur der „normalen", gewohnten Blickperspektive beim Betreten des Platzes führt zu einer Form der räumlichen Komprimierung, der man sich schwerlich entziehen kann und welche noch pointiert wird durch die leichte Wölbung des Platzes. Diese kompositorischen, feinfühligen Raumsetzungen für die Organe der städtischen Regierung Roms des 16. Jahrhunderts[4] scheinen so jenem humanen Willen Ausdruck zu verleihen, eine städtische Ordnung der Ratio in Abgrenzung zu einer die Stadt umgebenden, urwüchsig-irrationalen Naturordnung zu errichten. In dieser Hinsicht wäre die korrigierte Perspektive in der Komposition des Platzes als kunstvolle Anwendung der in der Renaissance wiederentdeckten und weiterentwickelten Gesetze der Geometrie zu verstehen, welche die Erscheinung des ungestalteten Naturhaften in den Mauern der Stadt um- bzw. neu strukturiert. Die entwurfliche Zentrierung auf eine kulturell hervorgebrachte Welt durch den *ordo*, die Ordnung der Architektur, erinnert dabei an das beschriebene, dem Architektonischen immanente Freiheitsmoment[5], dessen Ausformulierung im Konstruktiven von Michelangelo ebenfalls reflektiert scheint, im prägnanten Bild des stützenden Widerstehens der eingestellten Säulen und des Gebälks der Kolonnaden der Palazzi dei Conservatori und Nuovo, deren schwere und kräftige Kranzgesimse das optische Gewicht in diesem Prozess des Balance-Haltens bilden.

4 | Im Palazzo dei Conservatori tagte der aus den Konservatoren gebildete Stadtrat und die Gerichtsbarkeit, der Palazzo Senatorio war der Sitz des von den Konservatoren bestimmten, vorsitzenden Senators des Stadtrates.

5 | S. Kapitel 2, „Konstruktion".

Michelangelo: Kapitolsplatz in Rom, ab 1536; Lageplan nach Michelangelos Entwurf aus dem Jahr 1567

Dreht man sich hingegen nach Betreten des Platzes von der cordonata her um und wechselt die Perspektive des Blickes, zurück in Richtung Westen, so zeigt sich jene andere, zweite Dimension des Widerhalls geistiger Dimensionalität auf dem Kapitolsplatz, welche die von Michelangelo kompositorisch in-Werk-gesetzte Urbanität in entscheidender Weise erweitert: Im Blick nach Westen öffnet sich die Perspektive des Platzes in den weiten Himmel über den Dächern der Stadt Rom, der in der Abenddämmerung wie gerahmt von den dunklen, mächtigen Gesimsen der platzflankierenden Gebäude erscheint. Die in dieser Blickrichtung vom Platztrapezoid nun forcierte und verstärkte Perspektive, dieses gebaute *trompe-l'œil* hebt die am Abendhimmel sichtbar werdenden ersten Sterne, die Möwen, welche hoch über dem Platz kreisen, wie durch eine räumlich vorgenommene Unterstreichung poetisch hervor. Womit zugleich die Architektur an dieser Stelle spürbar hinter dem zurücktritt, was als Bedeutsames bezeichnet war: die geschöpfte, naturhafte Wirklichkeit, welche wie ein überwölbendes Ganzes zu den wohlgesetzten Maßen des Platzes, als ein „Maß des Maßes" erscheint.

Dass dieser Kunstgriff der zwei dialektisch aufeinander bezogenen, gebauten Perspektiven des Platzes mit der Verdichtung auf die *ordo rationalis* in einer, der Weiterung auf die *ordo universi* in anderer Richtung zugleich wie eine architektonisch formulierte Zusammenfassung der Suche Michelangelos nach Bedeutung und Wahrem seiner eigenen Existenz wirken will, lässt sich in seinen Gedichten nachvollziehen, die er Zeit seines Lebens, wie zur Selbstvergewisserung seines Tuns, verfasste. So schreibt er:

„Die Kunst, das Höchste gebend, | Will, daß im Steine lebend | Für alle Zeit ihr Antlitz sich bewahre;
Doch wie ich auch verfahre, | Was tut der Himmel, daß sein Werk der Welt, | Ins Göttliche sich hebend, | Sich ewig offenbare?

Nur wenig währt es, bis es ganz zerfällt. | So ist im Rechten ihr Geschick entstellt: | Sie welkt dahin, doch bleibt im Stein ihr Bild.
Wer ist's der dies vergilt? | Nur die Natur! Von dem, was sie geboren, | Bleibt nur die Kunst, ihr Werk ist zeitverloren."[6]

Und, an anderer Stelle:

„[...] Wie täuscht sich jeder, wenn er meint es gleicht | die Gnade, die ich göttlich von dir habe | dem eigenen Werk, das fragil, zerbrechlich.
Erfindung, Kunst und alles Wissen weicht: | denn nie kann einer eine Himmelsgabe | mit nichts als seiner zahlen, die sterblich."[7]

In Michelangelos Entwurf des Kapitolsplatzes findet man den Grundgedanken poetischen Bauens auf die Architektur der Stadt übertragen, die Erfahrung von Wahrheit im Werk nicht erzeugen zu wollen, sondern durch dieses vielmehr darauf nur zu zeigen und zu verweisen. Michelangelo stellt die Kunst und das Werk in den überindividuellen Kontext des Geschöpften und der, wie er sagt „Gnade", welche so sein Tun wie auch, in der Architektur des Kapitols, die normativen Ordnungen der

6 | Michelangelo, Rime, Nr. 240, zit. aus: Ders. 1999, S. 285.: „Sol d'una pietra viva | l'arte vuol che qui viva | al par degli anni il volto di costei. | Che dovria il ciel di lei, | sendo mie questa, e quella suo fattura, | non già mortal, ma diva, | non solo agli occhi mei? | E pur si parte e picciol tempo dura. | Dal lato destro è zoppa suo ventura, | s'un sasso resta e pur lei morte affretta. | Chi ne farà vendetta? | Natura sol, se de' suo nati sola | l'opra qui dura, e la suo 'l tempo invola."; zit. aus: Ders. 1999, S. 284.

7 | Michelangelo, Rime, Nr. 159, zit. aus: Ders. 2002, S. 105 (Übersetzung der dritten Zeile d. Verf.): „[...] E ueggio ben, com' erra, s' alcun crede, | La gratia, che da uoi, diuina pioue, | Pareggi l' opra mia caduca e frale. | L' ingenio, l' arte, la memoria cede: | C' un don celeste non con mille pruoue | Pagar del suo puo gia chi è mortale."; zit. aus: Ders. 2002, S. 104.

Stadt erst rechtfertigen. Dass dabei das Objektiv des Wirklichen von Michelangelo nach wie vor christlich-religiös gedacht ist, ist insofern für die heutige Wahrnehmung des Platzes von vielleicht nur nachgeordneter Bedeutung, da dieses von ihm weniger symbolisch als vielmehr wirklich in der In-Werk-Setzung und Rahmung der Weite und Tiefe des Himmels über dem Platz vermittelt wird und die Frage, ob ein christlicher Gott dieses schuf, die in diesem Blick enthaltenen, existenziellen Reflexionen gar nicht zu verdecken vermag. Und diese Hinwendung zum Wirklichen anstelle einer dogmatisch-religiösen Innenschau, mit all den Implikationen und Schwierigkeiten konstruierter Denkbilder mit abnehmendem oder fehlendem Wirklichkeitsbezug, – diese Wendung war ja gerade einer der Hauptantriebe der Renaissance, was auch heute wieder ganz aktuell erscheint und einen weiteren Grund für den Eindruck der Zeitlosigkeit der Architektur des Kapitolsplatzes abgeben mag. Und natürlich kann man in diesem Kontext auch an das römische Pantheon denken, nur unweit vom Kapitolsplatz entfernt, in welchem die berühmte Öffnung zum Himmel den „Tempel aller Götter" durch das Einlassen des Wirklichen zu einer ebenso poetischen wie überzeitlich wirkenden Architektur werden lässt. Der essentielle Gedanke zur Architektur des Urbanen, dass jede Stadt als Verkörperung gesellschaftlicher Maximen des Zusammenlebens sich konstituiert, ja, dass Stadt, moralische Ordnung und die transzendente Überwölbung von diesem *eines* sind, dieses kommt summarisch in den Worten Sophokles' in der Antigone zum Ausdruck, im vielzitierten Lied des Chores:

„Ungeheuer ist viel und nichts | ungeheurer als der Mensch. | Der nämlich, über das graue Meer | im stürmenden Süd fährt er dahin, | andringend unter rings | umrauschenden Wogen. Die Erde auch, | der Göttlichen höchste, die nimmer vergeht | und nimmer ermüdet, schöpfet er aus | und wühlt, die Pflugschar pressend, Jahr | um Jahr mit Rössern und Mäulern. [...]

So über Verhoffen begabt mit der Klugheit erfindender Kunst, | geht zum Schlimmen er bald und bald zum Guten hin. | Ehrt des Landes Gesetze er und der Götter beschworenes Recht – | hoch steht dann seine Stadt. Stadtlos ist er | der verwegen das Schändliche tut."[8]

Der Platz des Kapitols in Rom scheint in gewisser Weise immer „gefüllt" zu sein, voll von der Präsenz des Urbanen, dem architektonisch verkörperten Gedanken jener Kultur, welche in der lateinischen Wortwurzel des *cultus* mit dem dazugehörigen Verb *colo*, die Lebensweise und Gesittung, wie zugleich eben auch die Verehrung beschrieb. Wobei letztere, wenn man dem Begriff den leichten Verdacht des kirchlich-unterwürfigen nehmen möchte, auch mit einer Form der Bewusstheit von Transzendenz übersetzt werden könnte, welche die subjektiv gefundenen und ausgehandelten normativen Maßstäbe des Zusammenleben zu objektivieren vermag. Ganz losgelöst davon, ob auf dem Kapitol, diesem Platz des in-Werk-gesetzten Geistigen inmitten des physischen Lebens der Stadt Menschen, oder besser: Bürger anwesend sind oder nicht, immer scheint von diesem Raum jener Eindruck des „es sei nicht alles nur nichts"[9] auszugehen, wie Adorno es als wörtliches Sinnbild für die vorhandene und mögliche Weite unseres Daseins in der „Negativen Dialektik" wählte:

„Noch auf ihren höchsten Erhebungen ist Kunst Schein; den Schein aber, ihr Unwiderstehliches, empfängt sie vom Scheinlosen. [...] Kein Licht ist auf den Menschen und Dingen, in dem nicht Transzendenz widerschiene. Untilgbar am Widerstand gegen die fungible Welt des Tauschs ist der des Auges, das nicht will, daß die Farben der Welt zunichte werden. Im Schein verspricht sich das Scheinlose."[10]

8 | Sophokles, Antigone, 332ff., zit. aus: Jonas 1979, S. 17f.

9 | Adorno 1966, S. 396.

10 | Ebd., S. 396f.

Fehlt aber dieser „Schein des Scheinlosen", der poetische Verweis auf Transzendenz, auf eine Wahrheit des Wirklichen, – fehlt nicht genau dieses, wenn wir heute den Versuch unternehmen, Stadt zu bauen und weiterzudenken? Kann es nicht sein, dass das architektonische Fehlen eines überwölbenden „Maßes der Maße", kurz: das unbedachte geistige Leben der Stadt als einer der Gründe dafür zu nennen wäre, dass es so zahlreiche und leidenschaftlich geführte Proteste gegen aktuelle Großprojekte der Stadtarchitektur gibt? Sei es in Stuttgart, wo der Protest sich gegen die Neuordnung der Innenstadt mit dem Bahnhofsprojekt „Stuttgart 21" richtet, sei es in Hamburg mit der Besetzung der historischen Häuser des Gängeviertels, welchen der Abriss zugunsten hochpreisiger Büro- und Wohnflächen im Zentrum der Stadt drohte, in Berlin, wo sich die Bürger in einem Volksentscheid gegen eine Bebauung des Tempelhofer Flugfeldes und anstelle dessen für einen Park, die „Tempelhofer Freiheit", entschieden, oder sei es auch in Form eines bissig vorgetragenen „j'accuse!" des Schriftstellers Martin Mosebach angesichts des aus seiner Sicht trostlosen baulichen Zustandes der Städte[11]: Es scheint sich Widerspruch zu regen gegen die Art und Weise, wie heute von planender und ausführender Seite Stadt verstanden und realisiert wird, was uns Architekten zu denken geben sollte.

Natürlich scheint es denkbar einfach, beispielsweise den zeitweilig erreichten Baustopp von Stuttgart 21 durch dessen Gegner mittels des in den Bäumen des Stuttgarter Schlossgartens siedelnden Juchtenkäfers als vermeintlich lächerliche Posse zu diskreditieren. Und man muss nicht lange darauf warten, dass solche Proteste ganz generell als Symbol ei-

11 | Zum Projekt „Stuttgart 21" s. u. a.: www.spiegel.de/thema/stuttgart_21; zu der Besetzung des Hamburger Gängeviertels s. u. a.: www.das-gaengeviertel.info; zum Volksentscheid Tempelhofer Feld s. u. a.: www.thf100.de; der Text Martin Mosebachs „Und wir nennen diesen Schrott auch noch schön" wurde am 28.6.2010 in der Frankfurter Allgemeinen Zeitung veröffentlicht (s. a. www.faz.net).

ner angstgetriebenen Fortschrittsverweigerung so titulierter „Wutbürger" verunglimpft werden. Allerdings sollten wir mit solch vorschnellen Verurteilungen mehr als vorsichtig umgehen. Die Kehrseite der Medaille, die man hier auch benennen sollte, eine doch eher dünn argumentierte Forschrittsgläubigkeit auf Architekten- und Stadtplanerseite klingt doch sehr bekannt und erinnert in ihrem Gestus daran, wie z. B. die bereits erwähnte schlechte Idee auto- und investorengerechter Städte der 1960er- und 1970er Jahre mit gleicher Vehemenz vertreten wurde. Ist aber der Widerspruch der Bewohner der Städte gegen deren Umwandlung in gebaute Portfolioträume von dem Finanzmarkt entsprungenen Immobilienentwicklern in ihrem Kern nicht berechtigt? Als Kritik an dem Bild der Stadt, welches hier produziert werden soll? Dieses wäre eine ernsthaft zu diskutierende Frage, der man sich widmen könnte, beispielsweise indem man kürzlich realisierte städtebauliche Projekte daraufhin betrachtet, welches Leben der Stadt sich in diesen jenseits von Magazinaufnahmen *tatsächlich* zeigt und ob dieses, wie Julius Posener sagt, auch unseren „Bedürfnissen"[12] entspricht.

Aber wohin man auch zu gehen scheint, ob in die Zentren oder in die sich ausdehnende Peripherie: Betrachtet man in einer Art vorgestelltem Panorama die neu errichteten Stadtquartiere unserer Zeit und fragt in diesen in gleicher Perspektive, aus welcher der Kapitolsplatz in Rom angesehen war: Welche Imagination, welches Objektiv geistigen Lebens der Gegenwart wäre in diesen Quartieren als in-Werk-gesetzt zu bezeichnen? Und: Inwiefern zeigten sich die beschriebenen Fragen der geistigen Dimensionalität des Selbst nach Erkenntnis (Was kann ich wissen?), Moralität (Was soll ich tun?) und eigener Sterblichkeit (Was darf ich hoffen?)[13] hier reflektiert? Der vorgestellte Blick auf die ewiggleichen, großflächigen Versammlungen von Shopping- und Entertainmentflächen, gerahmt von

12 | Posener 1980, 2, S. 5.

13 | S. Kapitel 1, „Näherung".

Hotelkettenbauten, Büroflächen und Luxusappartements in den Innenstädten bzw. Ödnisse des klischeekonformen Wohnens in den Vorstädten, gäbe darauf wohl eine recht deutliche Antwort: Pointiert gesagt scheint hier der allein noch das Physische seiner Existenz anerkennende Mensch imaginiert, dessen Stadtleben sich in der ökonomisch relevanten Tätigkeit des, nun ja: Verbrauchens zu erschöpfen scheint. Und fast schon abwegig erscheint es, in solchen mit einem scheinbar stillschweigenden Common Sense errichteten, mehr oder minder austauschbaren Stadtbauwelten nach Resonanzen geistiger Dimensionalität zu suchen, nach Reflexionen menschlicher Moralität oder gar Sterblichkeit. Woher sollen diese auch kommen? Man sagt wohl nicht zu viel, wenn man konstatiert, dass solche Reflexionen in den aktuellen Diskursen der Planer und Entscheidungsträger zur Frage des Städtischen keine wahrnehmbare Rolle spielen.[14]

Neue, heutige Urbanität ist damit aber nicht erledigt. Im Gegenteil: Sie zeigt sich, in einer Stadt wie Berlin beispielsweise, als sehr lebendig. Doch wie wahrscheinlich andernorts auch, entsteht sie hier, allen Fortschrittsapologeten wie zum Trotz, bevorzugt im Alten, vor allem in den Häusern und Vierteln des 19. Jahrhunderts, die wie ein Ring um die historische Innenstadt Berlins gelegt sind. Hier findet man all das, was eine heutige Stadt auch ausmachen kann: Die Entfaltung individuellen Lebens, selbstbestimmter Entwürfe gemeinschaftlichen Lebens, die Suche nach einer „Imagination" des Ganzen, was sich unter anderem in der bereits zitierten Bewegung des Urban Gardenings zeigen mag.[15]

Die andere, tieftraurige Tonlage des Städtischen jedoch, die allein noch Marktgesetze zu erkennen und anzuerkennen scheint, sie wäre jedoch trotz alledem als die bestimmende, d. h. sich großflächig realisierende Tonlage unserer Zeit anzusehen. Traurig deshalb, da in ihr bis zur

---

14 | S. hierzu beispielsweise aktuelle Ausschreibungen, Jurybeurteilungen und Verfassererklärungen zu städtebaulichen Wettbewerben.

15 | S. Kapitel 3, „Gärten und Natur".

Schmerzgrenze abwesend ist, was der Idee von Kultur und damit auch von Stadtbaukultur zugrunde liegen könnte. Im eingangs zitierten Film „American Beauty“ ist in übertragenem Sinne auch der Konsequenz realisierter Sinnleere ein sehr treffendes Bild gegeben worden, der Moment, in dem die als Maklerin arbeitende Frau von Lester Burnham nach einem Tag des vergeblichen und erniedrigenden Anpreisens eines verkommenen Vorstadthauses in diesem Haus am Abend allein zurückbleibt und plötzlich in solche heftigen Tränen ausbricht, die für kurze Momente viel mehr als die Wut über einen erfolglosen Tag, sondern echten Schmerz auszudrücken scheinen, – einen solchen über ihr davonfließendes Leben voller Einsamkeit, Betrug und Trostlosigkeit. Kurz aber nur dauert dieser Moment, dann ohrfeigt sie sich, dabei nahezu hysterisch „*Shut up! – Shut up!*“ schreiend, und kehrt in ihr beschädigtes Leben zurück, mit einer zurechtgerückten Mimik geschäftsmäßiger Professionalität, als sei nichts geschehen.

So betrachtet scheint der beschriebene Widerspruch der Bürger gegen die heutige Architektur neuer Stadtviertel sehr berechtigt, denn wer möchte schon allein wahrgenommen sein als immerhungriges Medium des Konsums, süchtig nach Prospektlebensperspektiven, flimmernden Billboards und seichter Musik? Mit einer nur fortgeführten Kritik des Eindrucks des Nicht-Urbanen in vielen der von uns heute gebauten Stadtquartieren jedoch bliebe die Rolle und der Anteil der Architektur an diesem kaum zu leugnenden Dilemma zu undifferenziert. Denn Architektur, welcher Epoche auch immer zugehörig, kann Urbanität als verräumlichte Kultur natürlich nicht aus dem Nichts zaubern, wenn man so sagen kann. Die Imagination des Lebens, welche sich in der Stadt unserer Zeit zeigt, sie ist letztlich nur die Abbildung des gesellschaftlich bestimmenden Zuges unserer Zeit, sprich: Wenn ein Shoppingkomplex oder ein Mulitplexkino statt vormals einer Kirche oder eines in einen transzendent bestimmten Rechtszusammenhang eingelassenes öffentlichen Gebäudes einen zentralen Stadtplatz formen sollen, so kann alle investierte entwurfliche Raffinesse und souveräne Beherrschung des städtebaulichen Vokabulars, welche zweifelsohne auch heute mitunter sichtbar werden, dieses Manko an urbanem Ausdruck des eine Gemeinschaft Verbindenden kaum ausgleichen. Dieses mag aber nur noch einmal zeigen, was dem Gedanken einer Poetik des Bauens immanent ist, dass architektonisch sich zeigende Bedeutsamkeit – die hier Urbanität heißt – nicht aus der Architektur und ihren formalen Gesetzmäßigkeiten selbst heraus geboren zu werden scheint, sondern dass es die davor liegende Erfahrung des Bedeutsamen im Wirklichen wäre, welche jener Architektur Sinn verliehe, die diese Erfahrung erinnernd umhüllte und damit hervorbringend in-Werk-setzte. Ohne diesen poetischen Verweis auf das Bedeutsame scheint es auch aller Architektur der Stadt nicht möglich, als bedeutsam im Sinne der Behausung der geistigen Dimensionalität des Daseins wahrgenommen zu werden, sei diese nun neo-modern, neo-historistisch, neo-organisch oder auch im Fertighausstil gedacht: Was sich wie dargestellt darin begründet, dass dieses Bedeutsame von uns und unseren Werken nicht technisch herzustellen und zu erdenken ist.

Hieße das also, dass man nur eine neue Kirche an die Stadtplätze unserer Zeit bauen müsste und alles würde besser? Man muss wohl sagen: Aller Wahrscheinlichkeit nach nicht. Denn ein das humane Zusammenleben normativ begründender und damit das geistige Leben der Stadt prägender, kirchlich vertretener Glaube ist in unserer Zeit als nicht mehr vorhanden anzusehen; und wenn der Glaube auch im Privaten durchaus noch vorhanden sein mag, die gesellschaftlichen Diskurse bestimmt das Kirchlich-Religiöse nicht mehr, was sich in der Maxime modernen Denkens, dem voraussetzungslosen Fragen nach Wahrheit und dem richtigen Handeln auch gut begründen mag.

Was also stattdessen? Anmerken könnte man dazu, dass die Frage nach dem Urbanen ja wie gesehen zuerst eine Frage nach der Kultur wäre, in welcher wir leben wollen, will sie nicht die allein physische Dimension unseres Daseins reflektieren und damit alle gesellschaftliche Bindekraft verlieren. Was im Schluss natürlich nicht bedeuten kann, dass wir Architekten nun neue Gesellschaftsordnungen entwerfen, bzw. uns auf die Suche nach aktuellen Gesellschaftsentwürfen machen sollten. Auch das wäre aus der Geschichte modernen Bauens zu lernen, dass dieses Unterfangen die Disziplin völlig überfordert[16] und zur Vernachlässigung des kostbarsten Ausdrucksmittels führen kann, welches die Architektur kennt, ihres ästhetischen Ausdrucks. Allein über und durch diesen Ausdruck wäre für uns Architekten über die Frage nach der Kultur menschlichen Zusammenlebens nachzudenken. Indem jedoch wie einführend dargestellt in der ästhetischen Erfahrung in modernem Denken einer der Schlüssel zur Gewinnung von Maßstäben der Beurteilung der Richtigkeit von Ideen des Normativen, kurz: einer der Schlüssel zu möglicher Wahrheitserfahrung liegt, so wird aus diesem vermeintlich schwachen Argument des Ästhetischen ein immens relevantes und normativ implizit wirksames. Womit das Potential des Architektonischen wie zugleich die Verantwortlichkeit sichtbar werden, sich dieser normativen Kraft des Ästhetischen bewusst zu sein, zumal in der Architektur der Stadt, der von uns konstruierten Welt.

Eine in diesem Sinne uns heute mögliche Imagination des Urbanen, ein Bedenken und Entwerfen der auch geistigen Dimension der Stadt unter den Voraussetzungen des Denkens der Aufklärung zeigt sich dabei in einem Beispiel moderner Siedlungsarchitektur in Berlin, welches in Bezug auf den römischen Kapitolsplatz gewissermaßen das andere Ende des städtischen Maßstabes markiert, in der Hufeisensiedlung von Bruno Taut.

Dabei ist es gar nicht so sehr die große, auf Gemeinschaft hin konzipierte Figur des hufeisenförmigen, zentralen Landschaftsraumes, es ist

16 | S. hierzu u. a. Venturi 1966, S. 17f.

vielmehr der westlich anschließende, kleine Angerplatz, in welchem sich der poetisch ausformulierte Gedanke der Stadt als architektonische Hervorbringung des gesellschaftlich Bedeutenden zeigt. In Form einer Raute öffnet sich der „Hüsung“ genannte Platz räumlich zu der im Zentrum der geometrischen Figur stehenden Linde, welche von einem kleinen Rondell mit einer den Stamm des Baumes umfassenden Sitzbank umzeichnet ist. Blickt man, auf dem Rondell stehend, hinauf in das lichtgrüne, weiche Blattwerk der Linde, welches, windbewegt, das tiefstehende Sonnenlicht umspült, so mag vor dem inneren Auge das Bild des geschichtlichen Ortes des Dorfangers und der Dorflinde erscheinen, als Versammlungsort, Platz der Rechtssprechung und des gemeinsamen Feierns. Dieses aber geschieht hier, gerahmt von den karminrot geputzten Reihenhäusern, ohne jede Nostalgie oder Wehmut, sondern viel eher als Wahrnehmung einer Kontinuität städtischen Zusammenlebens, welches ein Zentrum darin findet, von sich selbst abzusehen auf das in jeglicher Beziehung Andere des Selbst. Und sei dieses Andere auch die Geschichte an sich, die als überindividuelle Erzählung der Kondition des Humanen ein weiteres Moment objektivierender Wirklichkeit in sich beinhalten mag.

Die von dem Rautenplatz gerahmte Platzlinde scheint ihre Wirkung aus eben dieser Doppeldeutigkeit zu beziehen, zum einen Symbol zu sein für die Bewegung des Humanen zur Gemeinschaft, zum anderen zugleich jedoch Natur, Geschöpftes zu sein, in welches die Fragen nach Bedeutung und der Richtigkeit unseres Handelns gerichtet sein mögen. Die auch hier vorhandenen kompositorischen, man möchte sagen: Meisterstücke des Architekten, wie beispielsweise den Platz leicht aus der Achse der Hufeisenfigur zu rücken und so jede falsche Achsialmonumentalität zu vermeiden; die Aufhebung einer drohenden, lähmenden Symmetrie durch die südliche Öffnung der Hüsung; die durch Mauerwerkslinien und -flächen fein strukturierte Zurückhaltung der den Platzhintergrund bildenden, warmtönig-elementaren Fassaden der Häuser; die abschließenden roten Ziegeldächer, die zum Platz hin sich neigen und diesen im Gegenzug

Bruno Taut, Martin Wagner und Leberecht Migge: Hufeisensiedlung in Berlin-Britz, 1925-1929; Blick auf den rautenförmigen Platz der „Hüsung"

zum Himmel öffnen, – all das lohnt sich überaus, bis in das Detail hinein studiert zu werden. Man kann dabei an das Bild des entwerfenden Architekten denken, welches Julius Posener beschrieb, dass Taut beim Entwurf seiner Siedlungen für die Wohnungsbaugesellschaft GEHAG tagsüber den „wissenschaftlich richtigen Plan“[17] im Büro der GEHAG zeichnete, um dann nachts in die nach Hause mitgenommenen Pläne all die essentiellen Korrekturen und kleinen Verschiebungen einzufügen, die den starren Plan um jenes Lebendige erweitern, welches sich im Entworfenen und Gebauten Tauts nachvollziehbar zeigt.[18]

Zu bedenken wäre, ob vielleicht nur so überhaupt Stadt, Urbanität entstehen kann, indem ein Architekt, wie bei Michelangelo gesehen und wie hier, unter den Bedingungen modernen Denkens auch bei Taut, sich der Einfühlung in Gewesenes, den Geist des Ortes und Kommendes als imaginiertes, gutes Leben verschreibt und damit andere Stimmen im entworfenen Raum zu Wort kommen lässt, als die allein eigene. In seiner „Architekturlehre“ schreibt Taut:

„Ganz anders aber ist die Sache, wenn man die alten Bauwerke in Ruhe betrachtet, sie in sich versenkt und ihren Geist zu erfühlen sucht. Der große japanische Dichter Bashô sagte: Man soll nicht studieren, was die alten Meister machten, sondern was sie suchten.“[19]

Denkt und sucht man hier weiter, so mag sich auch der Kreis mit der vorangegangenen Diskussion des Begriffes der Konstruktion schließen, indem wiederum in Mies van der Rohes Neuer Nationalgalerie eine weitere mögliche, hier auf das Stadtzentrum bezogene, bedeutungsvolle Verkörperung des Urbanen unserer Zeit gezeigt wäre. Denn auch hinsichtlich

17 | Posener 1979, 1, S. 70.

18 | Ebd. sowie Taut 1937, S. 46f.

19 | Taut 1937, S. 53.

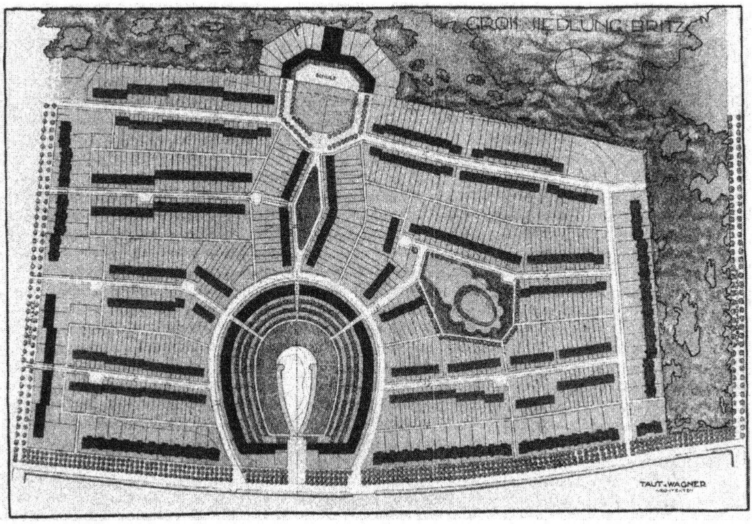

Bruno Taut, Martin Wagner und Leberecht Migge: Hufeisensiedlung in Berlin-Britz, 1925-1929; Lageplan aus dem Jahr 1926; der rautenförmige Platz der „Hüsung" befindet sich im Plan über der Hufeisenfigur des Begriffes der Stadt ist das Plateau des Museumsbaus wahrnehmbar „gefüllt“ von einer Präsenz des Urbanen, vermittelt und erfahrbar durch die beschriebene In-Beziehung-Setzung zum umgebenden Saum der Bäume, durch die präsente In-Werk-Setzung der ausbalancierten Schwerkraft zugunsten des Freiheitsgedanken des Humanen und schließlich dem in den Kreuzstahlstützen ausgesprochenen symbolischen Verweis auf das Geschichtliche dieses Gedankens, der von der Funktion des Museums aufgenommen ist. Auch dieser Raum des Plateaus der Neuen Nationalgalerie, seine ästhetische Wirkung *ist* bereits Kultur, die danach ruft, aufgenommen und wahrgenommen zu werden. Nicht aber laut oder schreiend vermittelt sich dieses, sondern leise, still sprechend, durch poetisch hervorgebrachte Bedeutsamkeit des Wirklichen, unser geistiges Leben reflektierend. Das obere Plateau der Nationalgalerie imaginiert wie angeführt den „Bezirk geistigen Seins“, das „Gebiet des Sinnhaften“[20], und dieses sowohl im Architektonischen als auch, durch eben diese bewusste Imagination, im Urbanen.

Und geht man von diesem Plateau etwas weiter Richtung Norden, so kommt man schließlich zum Tiergarten, in welchem sich, inmitten der Stadt, großmaßstäblich der objektivierende Widerpart zum Gebauten zeigt, Natur selbst. Sei diese auch hier eine maßgeblich nach den Entwürfen von Peter Joseph Lenné gestaltete, ihr Charakter der Geschöpftheit, gerade in den Figuren des englischen Landschaftsgartens, bleibt natürlich wahrnehmbar im Für-sich-Seienden der Baumkronen, im gespiegelten Sonnenlicht auf den Wasserflächen, in den Gehölz umsäumten Wiesen. Diese Begegnung mit Natur im Zentrum der Stadt lässt daran denken, dass wenn immer eine zeitgenössisches Stadtareal beispielsweise am Wasser, einem großen See oder einem Fluss gebaut wird, plötzlich, zumindestens an der Stelle einer Uferpromenade oder eines Uferplatzes, sich noch jede beschriebene Nicht-Urbanität des Gebauten zu wandeln vermag. Es schei-

20 | Mies van der Rohe 1938, S. 380f.; s. Kapitel 2, „Konstruktion".

nen durch das bloße Gegenüber zur Natur – und nichts anderes ist ja eine solche Wasserfläche, die zudem als unbetretbare ihren Eigensinn und ihr Für-sich-Seiendes in besonderer Weise offenbar werden lässt –, es scheinen sich dadurch auch die angrenzenden städtischen Plätze und Räume zu „füllen", ohne das dazu mehr nötig wäre, als an dieser Stelle einfach fast nichts zu machen, nur Raum zu lassen für die Erfahrungen naturhafter Wirklichkeit. Solche Situationen wie die betrachteten Beispiele urbaner Architektur von Bruno Taut bis zu Michelangelo mögen anschaulich machen, dass unter dem Blickwinkel der Poetik und der ästhetischen Erfahrung auch für uns und aus der Gegenwart heraus die Evozierung des Urbanen möglich sein kann. Von hier ausgehend, könnte man sich nun also dem jeweiligen *Wie*, der Form also widmen, in welcher das Objektiv des Wirklichen, das Geschöpfte der Natur als Maß des Urbanen in einem Entwurf der Stadt poetisch, also hervorbringend in-Werk-gesetzt werden kann.

Ist hier aber eine breite Palette von Möglichkeiten räumlicher In-Werk-Setzung denkbar, wie eben das Anknüpfen an die Topografie des Ortes, an vorhandene Wasserflächen oder auch an bestehende oder zu pflanzende Parks und Gärten, Haine, Baumalleen usf., so mag zugleich ein weiterer Aspekt sichtbar werden, mit dem ungleich schwieriger umzugehen wäre. Denn in welcher Form könnten heute errichtete Häuser auf dieses Objektiv des Wirklichen reagieren, dass nicht der ebenfalls oft zu beobachtende Eindruck entsteht, dass man zeitgenössische Gebäude an Situationen wie einer Seepromenade oft eher ausblenden und vom Blick auf das Wasser ausnehmen möchte? Hier wären wohl in erster Linie die Fassaden in ihrem Ausdruck und ihrer Materialität zu nennen, welche häufig eine wahrnehmbar widersprüchliche Stimmung zur poetisch sich zeigenden Bedeutsamkeit des Naturhaften zu erzeugen scheinen, indem vorrangig durch sie die Tonlage des Raumes erzeugt wird, den sie umschließen und bilden. Dieses mag man nachvollziehen an der in einem Entwurfseminar versuchsweisen angestellten und nebenstehend abgebildeten Anordnung zweier extrem entgegengesetzter Fassadenordnungen, einer sozusagen auf die Spitze getriebenen rationalistischen und einer historischen, ornamental-geschmückten vor einem gleichbleibenden Naturraum.

Diese beobachtete bzw. postulierte Wirkung zeitgenössischer Fassaden erscheint dabei auch gut begründbar mit dem in der sogenannnten „Zweiten Moderne"[21] wieder aktuellen Gestaltungsprinzip der Abstraktion. Im Rekurs auf die Klassische Moderne der 1920er Jahre ist es heute wieder, um in der Terminologie von Karl Bötticher zu sprechen, die „Kernform", der „Kunstform" entkleidet, welche den Ausdruck eines Bauwerkes bestimmen soll.[22] Die Kernform ist dabei als die funktional notwendige Leistungsform zu verstehen, eigentlich also als die Konstruktion des Baukörpers, die in letzter Konsequenz Technik ist; die Kunstform hingegen meint die symbolische Form, welche der notwendigen Konstruktion der Räume den Verweis des „Wofür-Seins" hinzufügt und damit im besten Fall auch die Dimension des Transzendenten und des Bedeutsamen, nach welchem das Geistige unseres Selbst fragte. Was heißt, dass die Kunstform als symbolische Form natürlich sehr viel mehr ist als Verzierung, Verzerrung oder Verschleierung der Konstruktion. Sie ist vielmehr als das Ornament zu verstehen, welches historisch der venustas, der beschriebenen geistigen Räumlichkeit des Architektonischen zugehörig war.[23] Indem aber dieses Ornament mit treffender Kritik des Historismus des 19. Jahrhunderts als leere Geste von der Klassischen Moderne aus dem Denken der Architektur verdrängt wurde und im Gegenzug die Technik selbst als Transzendenz angesehen und aufgewertet wurde[24], hat der versuchte Prozess des Herstellens von Bedeutung im Sinne der techné das Prinzip des Hervorbringens und Zeigens von Bedeutung beiseite gescho-

21 | S. Klotz 1996.

22 | S. Bötticher 1844, S. 181.

23 | S. a. Kapitel 3, „Gärten und Natur".

24 | S. Köppler 2010, S. 186f.

Fassadenmontagen mit Plattenbauten aus Potsdam-Drewitz und der Basilica in Vicenza; Workshop Potsdam, 2009

ben. Dass aber der Versuch der autonomen Herstellung von Bedeutung und Sinn, von Wahrheit also durch allein wissenschaftlich-technische Rationalität nur in Irrationalität zu enden droht, das wäre als eine Konsequenz der humanen Katastrophen und „ungehemmten Selbstindulgenz“[25] des 20. Jahrhunderts zu begreifen. Doch wird nun nicht genau das, ob in bewusster oder unbewusster Form, mittels der ästhetischen Sprache jener Fassaden zeitgenössischer Architektur versucht, welche in der Tradition des nicht-ornamentalen, neo-abstrakten, sprich: des Technik und Rationalität ästhetisch transzendierenden Bauens stehen? Adorno merkt hierzu in seiner „Ästhetischen Theorie“ an:

„Bis zum bitteren Ende gedacht, wendet jedoch Sachlichkeit sich zum barbarisch Vorkünstlerischen. Noch die ästhetisch hochgezüchtete Allergie gegen Kitsch, Ornament, Überflüssiges, dem Luxus sich Näherndes hat auch den Aspekt von Barbarei [...] Die Antinomien der Sachlichkeit bezeugen jenes Stück Dialektik der Aufklärung, indem Fortschritt und Regression ineinander sind. Das Barbarische ist das Buchstäbliche. Gänzlich versachlicht wird das Kunstwerk, kraft seiner puren Gesetzmäßigkeit, zum bloßen Faktum und damit als Kunst abgeschafft.“[26]

Wenn dem so wäre, würde der wahrnehmbare Widerspruch des allein auf sich sehenden Gemachten städtischer Architektur zur Natur, als Inbild des Geschöpften, und damit letztlich auch der Widerspruch des Gebauten zu dem auf dieses Geschöpfte sehende, geistige Fragen nach Bedeutung sich erklären. Schließt man sich inhaltlich wie ästhetisch in einer durch Fassaden und räumliche Setzungen erzeugten Totalität des Selbst ein, so käme das gewissermaßen einem auch urban ausgesprochenen „Ich habe und erzeuge die Wahrheit!“ gleich, welchem jenes poetisch gedachte „Siehe, ob in jenem nicht Wahrheit sei“ strikt entgegengesetzt ist.

25 | Jonas 1987, S. 42.

26 | Adorno 1969, S. 97.

Wenn dem so wäre, würde der wahrnehmbare Widerspruch des allein auf sich sehenden Gemachten städtischer Architektur zur Natur, als Inbild des Geschöpften, und damit letztlich auch der Widerspruch des Gebauten zu dem auf dieses Geschöpfte sehende, geistige Fragen nach Bedeutung sich erklären. Schließt man sich inhaltlich wie ästhetisch in einer durch Fassaden und räumliche Setzungen erzeugten Totalität des Selbst ein, so käme das gewissermaßen einem auch urban ausgesprochenen „Ich habe und erzeuge die Wahrheit!" gleich, welchem jenes poetisch gedachte „Siehe, ob in jenem nicht Wahrheit sei" strikt entgegengesetzt ist.

Der bezeichnete Moment des Objektiven aber, im freien Blick auf eine vom Menschen nicht berührte Wasserfläche, auf einen Garten oder einen Baumhain in der Architektur der Stadt, auf den Himmel über dem Kapitolsplatz, auf in das lichtdurchschienene Blätterwogen der Platzlinde in der Hufeisensiedlung, – könnte all dieses nicht als Zeichen des Kostbaren, Hoffnungsvollen eines poetischen Stadt-Denkens deutbar sein, welches in das Antlitz der Häuser weiterzudenken die Herausforderung wäre? Dieses verweist zurück auf die offene Frage nach einer unseren Zeit angemessenen Symbolform, nach einem möglichen ästhetischen Widerhall jenes Wertvollen im raumprägenden Ausdruck der Häuser unserer Zeit, die im folgenden, abschließenden Kapitel betrachtet werden soll.

6. Ornament und Handwerk

„Adolf Loos schrieb vor Dezennien, Ornamente ließen sich nicht erfinden; was er anmeldete, will sich aber expandieren. Je mehr in Kunst gemacht, gesucht, erfunden werden muß, desto ungewisser, ob es sich machen und erfinden läßt. Radikal gemachte Kunst terminiert im Problem ihrer Machbarkeit. [...] Die Wahrheit des Neuen, als des nicht bereits Besetzten, hat ihren Ort im Intensionslosen."[1]
Theodor W. Adorno

Anschließend an das vorhergehende Kapitel stellt sich die Frage, ob und wie das Ornament, eine symbolische Form als Ausdruck der Erweiterung der rein physischen Qualität des Gebauten für eine heutige Architektur nicht allein der Städte, sondern überhaupt denkbar wäre. Dieses bezeichnet sicherlich eines der diffizilsten Probleme der Architektur unserer Zeit. Denn eine symbolische Form, eine solche, die in „unendlich langsamer Enthüllung entsteht" und welche „hervorzubringen Sinn der Epochen ist"[2], wie Mies sagt, ist eine gemeinschaftlich reflektierte Form, die nicht einfach zu entwerfen und herzustellen ist, worauf auch Adorno hinweist, wenn er über das Problem der Machbarkeit der Kunst unter den Bedingungen der Moderne nachdenkt. Das Ornament ist im besten Fall der poetisch

1 | Adorno 1969, S. 46f.

2 | Mies van der Rohe, um 1950, S. 390.

zu verstehende Ausdruck des Übersubjektiven schlechthin, jener Ausdruck eines Bauwerkes, in welchem es, von sich und seiner individuellen Form und Funktion absehend, sich in den Kontext des Allgemeinen stellt hinsichtlich dessen, was als allgemein gültig angesehen wird. Was nur noch einmal verdeutlicht, warum die Frage nach der Symbolform und dem Ornament in der Betrachtung gerade der Architektur der Stadt als gebauten Ausdruck dessen, was eine Gesellschaft für wahr hält, ganz aktuell und drängend wirkt. Dabei mag irritieren, dass das Ornament in diesem Zusammenhang dem Übersubjektiven und Allgemeinen, dem von Julius Posener so bezeichneten „Consensus"[3] zugeordnet wird, scheint doch die vermeintlich anonyme Technik, das Konstruktive im Bauen diesem Allgemeinen viel mehr zu entsprechen. Was in Teilen auch stimmt und bereits diskutiert wurde, dass in der sichtbaren Konstruktion eines Hauses über den Dialog mit dem Naturhaften der Schwerkraft eine ganz allgemein gültige, also wirkliche Aussage des „Haltens" und, bezogen auf den entstehenden Raum, zugunsten der menschlichen Freiheit getroffen wird.

Der entscheidende Begriff in diesem Zusammenhang ist jedoch eben jener des Dialoges zwischen Konstruktion und Wirklichkeit. Bricht dieses Dialogische ab, z. B. durch eine solch avancierte Technik der Konstruktion, die das Tragen und Halten im Widerstand gegen die Schwerkraft unsichtbar macht, so schwindet damit auch aller poetische Verweis auf das Nicht-Subjektive und Nicht-Gemachte als dem Inbegriff des Allgemeinen. Darüber hinaus sollte mit der Bestimmung des „Wofür-Seins" dieser Konstruktion durch die Funktion in Verbindung mit der bewussten Konzeption ihres mal fragilen, mal gespannt-widerstehenden Ausdrucks verdeutlicht werden, dass das Konstruktive einer sinnbestimmenden Weiterung bedarf, gleich der Potentialität der menschlichen Freiheit vom physischen Naturzusammenhang, die ohne einen Zusatz des „Wozu" und ohne Begrenzung leicht in ein Negatives umzuschlagen droht.

3 | Posener 1980, 2, S. 5.

Schinkel, der für die Hauptfassade des Alten Museums noch die ionische Ordnung der griechischen Antike wählte, war sich am Ende seines Lebens des Problems der abnehmenden Symbolkraft des religiös geprägten Ornamentalen im Zeichen modernen Denkens sowie der Schwierigkeit der sinnreflektierenden Gestaltung des Konstruktiven, welche diesem folgen mag, sehr bewusst. In seinem Entwurf eines „Architektonischen Lehrbuches“[4] hält er folgende Überlegungen dazu fest, die uns zur Frage der symbolischen Form überaus viel zu sagen vermögen:

„Ich bemerkte, daß in den Formen der Baukunst alles auf 3 Grundlagen beruhe 1) auf die Formen der Konstruktion 2) auf Formen, welche durch herkömmliche geschichtliche Wichtigkeit erzeugt werden und, 3) auf Formen, die an sich bedeutsam, ihr Vorbild aus der Natur entlehnen. Ich bemerkte ferner einen großen unermeßlichen Schatz von Formen, der bereits in der Welt durch viele Jahrtausende der Entwicklung und bei sehr verschiedenen Völkern in Ausführung von Bauwerken entstanden war und niedergelegt ist. Aber ich sah zugleich, daß unser Gebrauch von diesem angehäuften Schatz oft sehr heterogener Gegenstände, willkührlich sey, weil jede einzelne Form einen eigenthümlichen Reiz bei sich trägt, der durch eine dunkle Ahndung eines nothwendigen Motivs, sey es geschichtlich oder constructiv, noch erhöht wird und verführt davon Anwendung zu machen. Man glaubt seinem Werk durch einen solchen Gegenstand einen besonderen Reiz zu verleihen [...] daß was mir aber in seinem primitiven Erscheinen an alten Werken eine höchst erfreuliche Wirkung erzeugte, bei seiner neuen Anwendung an Werken unserer Tage oft durchaus widerstand. Besonders ward mir klar, daß in dieser Willkürlichkeit des Gebrauchs der Grund großer Characterlosigkeit und Styllosigkeit zu finden sey, woran so viele neue Gebäude zu leiden scheinen. Es ward mir eine Lebensaufgabe hierin Klarheit zu gewinnen.“

4 | Schinkel 2001.

Karl Friedrich Schinkel: Über architektonische Charaktere, um 1820; zu Fig. H-K schreibt Schinkel: „Fig. H die höchste Ruhe, welche durch Bauen hervorgebracht wird; die einfachen Schwere-Gesetze in großen Massen wirksam. Fig. I dasselbe, welches sich sich aus dem Charakter der Schwere hervorhebt. Fig. K welches den Charakter der Schönheit gewinnt, Ruhe, Freiheit, Verhältniß."

Und weiter:

„Aber je tiefer ich den Gegenstand durchdrang je größer sah ich die Schwierigkeiten die sich meinem Bestreben entgegenstellten. Sehr bald gerieth ich in den Fehler der rein radicalen Abstraction, wo ich die ganze Conception für ein bestimmtes Werk der Baukunst aus seinem nächsten trivialen Zweck allein und aus der Konstruction entwickkelte, in diesem Falle entstand etwas Trockenes, Starres das der Freiheit ermangelte und zwei wesentliche Elemente: *das Historische und das Poetische* ganz ausschloß. ich forschte weiter, sah mich aber sehr bald in einem großen Labirinth gefangen: wo ich abwägen mußte wie weit das rationelle Princip wirksam seyn müsse, um den Trivial-Begriff des Gegenstandes festzustellen, und wie weit andererseits jenen höheren Einwirkungen von Geschichtlichen und artistischen poetische Zwecken der Eintritt dabei gestattet werden dürfe um das Werk zur Kunst zu erheben."[5]

Ist aber dieses Labyrinth, in dem Schinkel sich an dieser Stelle gefangen sah, nicht auch unseres, heute? Dass Schinkel in diesem Zusammenhang auf das Poetische *und* auf das Historische als zwei der Architektur zugrunde liegende wie miteinander verbundene Fundamente verweist und auch Mies mit der Transformation der griechischen Säule in eine moderne Stahlkreuzstütze in diese Richtung zu denken scheint, mag Anlass genug sein, über dieses Historische aus poetischer Perspektive nachzudenken. Dabei soll, um das vorwegzunehmen, nicht auf die historistische Fassung dieses Nachdenkens gezielt werden, in welche, wie bereits anhand des Berliner Stadtschlosses diskutiert[6], die Konsequenzen des Denkens der Aufklärung und damit der Moderne nur in Teilen einzufließen scheinen.

5 | Ebd., S. 149f. (Hervorhebung d. Verf.)

6 | S. Kapitel 2, „Konstruktion".

Ausgangspunkt des Nachdenkens über den poetisch-architektonischen Wert des Historischen wäre die erst einmal recht einleuchtende und den Argumenten eines historistisch argumentierenden Bauens wahrscheinlich gar nicht allzu fern liegende Anerkenntnis, dass Architektur und die Architektur der Stadt ein Gemeinschaftswerk darstellen, in welchem Individuelles und Allgemeines ausbalanciert sind, Bauen also keine Privatangelegenheit darstellt. Indem man aber sagt, beides sei ein von vielen Generationen errichtetes Gemeinschaftswerk, stellt man dessen Charakter des Allgemeinen in Bezug zur Geschichte, was schon etwas ganz anderes heißt, aber wahrscheinlich immer noch von historistischen Positionen nicht allzu weit entfernt liegt. Die hier alles entscheidende Frage aber wäre, wie man diese Geschichte betrachtete.

Und hier trennen sich wohl die Wege eines eher historistisch gefärbten Architekturdenkens von einem auch vorstellbaren, historisch bewussten. Denn indem geschichtlich das kritische Denken anstelle der kirchlich-religiösen Sinnbegründungen trat, schwand im gleichen Maß auch die Möglichkeit von allem traditionell-unkritischen Gebrauch architektonischer Formen, die aus eben jenen religiösen Sinnordnungen erwuchsen, was jedoch nur eine, bereits beschriebene Konsequenz der Aufklärung benennen würde. Eine andere, nicht minder wichtige Konsequenz wäre darüber hinaus die Erkenntnis der Dialektik des kritisch-modernen Denkens, d. h. eine Bewusstheit über die Fehlbarkeit desselben, was nun wiederum einer unkritisch aufgefassten, zeitgenössischen Neo-Modernität eher abzugehen scheint, welche allzu euphorisch den Technik- und Rationalitätsfantasien einer Moderne vor den Zivilisationskatastrophen des 20. Jahrhunderts nachhängt. Wenn Adorno und Horkheimer in der „Dialektik der Aufklärung“ darstellen, dass die Moderne von ihrem Antrieb, voraussetzungslos Wahrheit zu erkennen, selbst zerstör zu werden droht[7], so zielt diese Bewusstheit in die gleiche Richtung wie Walter Benjamins

7 | Adorno/Horkheimer 1947, S. 100.

eindrückliche Beschreibung des „Angelus Novus“ von Paul Klee aus dem Jahr 1940:

„Es gibt ein Bild von Klee, das Angelus Novus heißt. Ein Engel ist darauf dargestellt, der aussieht, als wäre er im Begriff, sich von etwas zu entfernen, worauf er starrt. Seine Augen sind aufgerissen, sein Mund steht offen und seine Flügel sind ausgespannt. Der Engel der Geschichte muß so aussehen. Er hat das Antlitz der Vergangenheit zugewendet. Wo eine Kette von Begebenheiten vor *uns* erscheint, da sieht *er* eine einzige Katastrophe, die unablässig Trümmer auf Trümmer häuft und sie ihm vor die Füße schleudert. Er möchte wohl verweilen, die Toten wecken und das Zerschlagene zusammenfügen. Aber ein Sturm weht vom Paradiese her, der sich in seinen Flügeln verfangen hat und so stark ist, daß der Engel sie nicht mehr schließen kann. Dieser Sturm treibt ihn unaufhaltsam in die Zukunft, der er den Rücken kehrt, während der Trümmerhaufen vor ihm zum Himmel wächst. Das, was wir den Fortschritt nennen, ist *dieser* Sturm."[8]

Das Projekt der Aufklärung[9], bestehend seit der Philosophie der Antike, und dessen implizite ethische Maxime, dass Handeln und Entscheidungsmacht unter die Anleitung der an der Wirklichkeit reflektierten Vernunft – und nicht andersherum – gestellt sei, dessen eigene Kontinuität und Tradition wurde im 20. Jahrhundert unwiederbringlich gebrochen. Dieses insofern, als dass im Moment der gesellschaftlichen Durchsetzung dieses Projektes gegen dogmatisches und religiöses Denken die ihm dialektisch innewohnenden Möglichkeiten des totalitären Denkens im Bündnis mit wissenschaftlich-rationaler Freisetzung moderner Technik zur Zerstörung nicht nur aufklärerischer, sondern aller humanen Prinzipien in den Kriegen und Vernichtungsfabriken des vergangenen Jahrhunderts führen

8 | Benjamin 1940, S. 697f.

9 | S. Habermas 1980, S. 41.

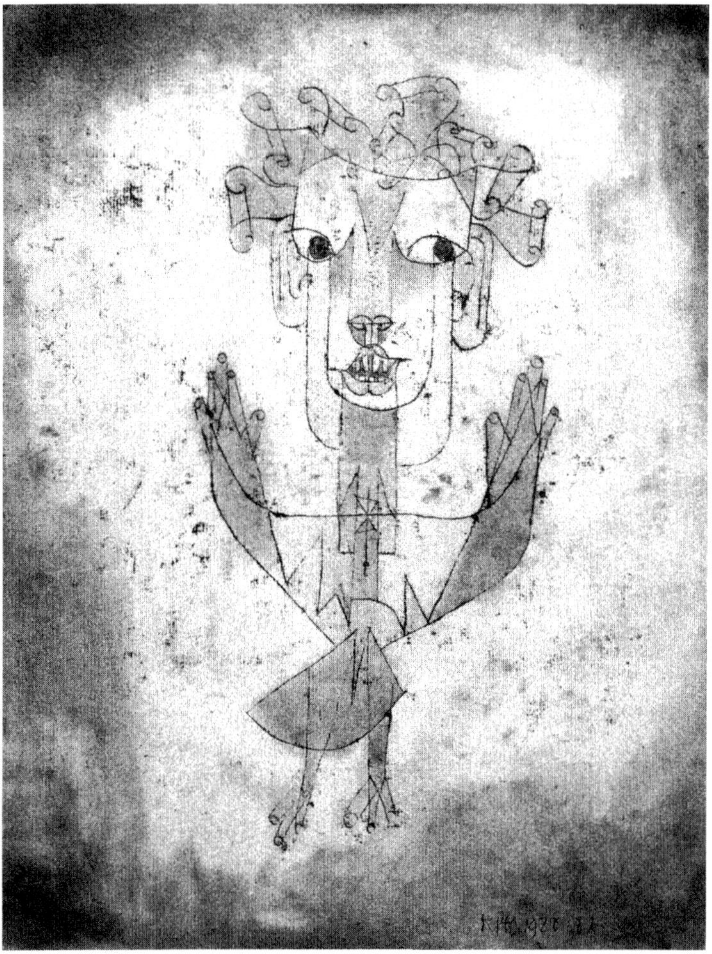

Paul Klee: Angelus Novus, 1920

sollte. Blendet man diesen Kontinuitätsbruch aus und meint, Modernität und ungehemmte Evolution der Rationalität ungetrübt dieser Ereignisse einfach, nach gewisser Zeitdistanz zu diesem Bruch, fortführen zu können, verkennt man, dass damit tatsächlich erst eine Diskontinuität und ein Rückfall in dogmatisches Denken hergestellt wird, indem eine solche Haltung den ersten Grundsatz des kritisch-aufgeklärten Denkens missachtet, dass die Vernunft „Rechenschaft über sich selbst“[10] geben muss. Imre Kertész, der die Todeslager Ausschwitz und Buchenwald überlebte, sagte zur Verstörung vieler, dass „seit Auschwitz nichts geschehen ist, was Auschwitz aufgehoben, was Auschwitz widerlegt hätte“[11], wovor wir vielleicht gerne die Augen verschließen möchten.

Wollen wir aber, was vorausgesetzt sei, das Projekt der Moderne als Projekt der Freiheit, Gleichheit und Brüderlichkeit nicht aufgeben und damit auch das über viele Generationen errichtete Gemeinschaftswerk der Architektur mit dessen in Raum gegossenen humanen Gesellschaftsformen fortführen, so scheint paradoxerweise der Weg der kritischen Bewusstheit dieses Bruches und der Folgerungen daraus der einzige zu sein, dessen Kontinuität weiterzudenken. Sie, diese Bewusstheit bezeichnet eine solche reflektierte Kontinuität der Hoffnung, die dem „Wofür-Sein“ des Architektonischen gemeinschaftliche Tiefe insofern gäbe, als dass alle poetisch in-Werk-gesetzte Bedeutsamkeit des Geschöpften, das fragil Lebendige in das wechselnde Licht menschlicher Geschichte gestellt wäre, womit erst die Möglichkeiten der Anknüpfung an dieses Bedeutsame aus unserer Zeit heraus sich ergeben könnten. Noch einmal Kertész:

---

10 | Ulfig 1997, S. 237, bzw. Kant, KdrV, S. 410: „[...] denn eben darin besteht Vernunft, daß wir von allen unseren Begriffen, Meinungen und Behauptungen, es sei aus objectiven, oder, wenn sie ein bloßer Schein sind, aus subjectiven Gründen, Rechenschaft geben können."

11 | Kertész 2002, S. 251.

„Wie auch immer, das, was in der *Endlösung* und dem ‚Universum der Konzentrationslager' seinen Ausdruck gefunden hat, kann nicht mißverstanden werden, und die einzige Möglichkeit, zu überleben und uns schöpferische Kraft zu wahren, besteht darin, daß wir diesen Nullpunkt erkennen. Warum sollte diese Klarsicht nicht fruchtbar sein? In der Tiefe großer Erkenntnisse, selbst wenn sie sich auf unüberwindbare Katastrophen gründen, steckt immer etwas vom großartigsten aller europäischen Werte, ein Moment der Freiheit, das als Surplus, als etwas Bereicherndes in unser Leben eingeht, indem es uns die wahre Tatsache unserer Existenz und unsere wahre Verantwortung für sie zu Bewußtsein bringt."[12]

Wären dieses denkbare Voraussetzungen einer auch heute gültigen symbolischen Form, welche sich aus der Zusammenschau des Historischen mit dem Poetischen ableiten könnten, so bleibt natürlich die Frage, welche konkreten Formen aus diesen Voraussetzungen gedacht werden könnten. Gesagt war bereits, dass hier weniger individuelle, sprich: herstellbare Formentwürfe zur Debatte stünden; hinzuzufügen wäre, dass vielmehr überindividuelle Felder des Ausdrucks zu suchen wären, in welchen sich eine solche imaginierte symbolische Form bewegen mag. Dieses, unter anderem, bezeichnet auch die Differenz zu einer die Diskontinuität der Bewegung modernen Denkens vermeintlich mitdenkenden Strömung des so bezeichneten Dekonstruktivismus der 1980er und 1990er Jahre. Blieb dieser Dekonstruktivismus, mit sichtbaren Ausläufern bis in die Gegenwart, in der Summe seiner Werke zum einen schlussendlich wohl eher der Suche nach individuellem Ausdruck verpflichtet, so scheint zum anderen doch dessen, bei allem Verdienst um die Kenntlichmachung von Diskontinuität, schwächste Stelle darin bestanden zu haben, bei dem Bruch modernen Denkens nur stehen zu bleiben, ohne eine begründete und aufgezeigte Perspektive des Weiterdenkens und -bauens. Daraus ließe

12 | Ebd., S. 253.

sich in diesem Zusammenhang einiges lernen, denn wenn architektonisch gesprochen die Hoffnung und Perspektive eines guten Lebens sich nur noch verbaut in der Pose des „Schocks" zeigen, so bleibt die geistige Perspektive unseres Daseins, ob intendiert oder nicht, ebenso unreflektiert wie in jeder Entertainment-Architektur auch: Da dieses Geistige nach dieser Perspektive fragt, wird es nicht vorher durch und in uns zum Schweigen gebracht. Woraus folgt, dass eine solche „Architektur des Bruches" wie jedes nicht die Perspektive des Humanen bedenkende Bauen sich reduziert auf den rein physisch wirksamen Affekt, mit welchem sich in der Folge gute Geschäfte machen lassen. Naheliegenderweise wird ein solch kulturindustriell eingeholtes Bauen dann auch in den Rhythmus der Moden der Zeit eingegliedert, aus welchen es so schnell, wie es hereingekommen, auch bald wieder herausfällt.

Gesucht aber soll hier danach sein, worauf Thoreau im Sinne des Gedankens eines kritisch reflektierten Kontinuums der Geschichte des Humanen verwies, wenn er sagt: „Was Neuigkeiten! Wie viel wichtiger, das zu wissen, was nie alt war!"[13]

Was aber wird und wurde nie alt? Ist es nicht die eingangs beschriebene Frage nach dem, was uns und unserem Leben Bestimmung und eine Richtung geben soll? Die also über die Zeiten hinweg immer wieder neu gesuchte Gestaltung der nicht aufzuhebenden Trennung von Mensch und Wirklichkeit, philosophisch gesprochen: von Subjekt und Objekt? Die Suche nach Maßstäben, einer Wahrheit also, welche diese Gestaltung anleitete und zur Kultur des Lebens und Zusammenlebens führte? Und könnte schließlich nicht auch zu diesem Unveränderlichen, Überzeitlichen die aus der Bewegung modernen Denkens sich ergebende Möglichkeit desjenigen ästhetischen Erfahrungsmomentes der geschöpften Wirklichkeit gehören, in der die Erkenntnis des Lebendigen sich als Wahrheit und Sinn

13 | Thoreau 1854, S. 102.

Katsura-Villa, Kyoto, 17. Jh. (o.); Bruno Taut: Gedanken nach dem Besuch in Katsura, 1934: „Das Leben selbst gibt die einfachsten Formen | Form ist Natur" (u.)

des Wirklichen aufhob und welche die moralische Maxime des Schutzes und der Beförderung dieser wertvollen Fragilität nach sich zöge? Gerade als Konsequenz und Form des Bedenkens des Bruches der Kontinuität des Projektes der Moderne und insofern als auch zentraler Gehalt jener geistigen Dimensionalität, nach welcher in Bezug auf die zeitgenössische Architektur der Stadt gefragt war? Nähme man dieses an, so ließen sich daraus einige Annahmen für die Ausdrucksfelder einer heutigen symbolischen Form für die Architektur wie für die Architektur der Stadt ableiten, was schließlich vieles von dem zusammenfasst, was zu den Begriffen der Konstruktion, des Gartens, des Raumes und der Stadt gesagt war.

Der, wenn man so sagen kann, Angelpunkt einer solchen symbolischen Form wäre dabei sicherlich der am Gebauten sich zeigende Umgang mit dem im Bauen Wirklichen, wie also beispielsweise der Schwerkraft, dem Material oder dem Licht. Denn eine poetisch gedachte, in-Werk-setzende Hervorhebung dieses naturhaft Wirklichen als dem Gegenüber des Selbst spräche symbolisch und wirklich aus, dass das „Maß des Maßes" des Gebauten und der Stadt in jenem läge und seinen urban-kulturellen Ausdruck bestimmen möge. Die Form der In-Werk-Setzung des Wirklichen könnte dabei gestimmt sein von einem gesuchten Balanceverhältnis zwischen „Natur und Menschenwerk"[14], womit in Bezug auf die Konstruktion des Gebauten wie beschrieben zum Ausdruck gebracht wäre, dass die technischen Fähigkeiten der Ratio nicht eingesetzt werden, um die geschöpfte Wirklichkeit zu überwinden, sondern um sich mit ihr in ein wohnbares und versöhntes Verhältnis zu setzen. Ein still aufgefasster, für sich seiender Dialog der Konstruktion mit der Schwerkraft mag so als überzeitlicher Grund wirken, vor und auf welchem sich das menschliche Geschick ereignet, gehalten und ermöglicht von diesem.

14 | Guardini 1925, S. 69.

Ein dem Gehalt nach ganz ähnliches Balanceverhältnis zum Wirklichen könnte sich auch auf Ebene des Materiales formulieren, in welchem die Technik der Herstellung den Naturcharakter des Materiales und damit seine immanent objektivierende Wirkung nicht zum Verschwinden bringt, diesen jedoch auch nicht in sich belässt. Das wäre beispielsweise der Fall beim Ziegel, beim Holz und, bei entsprechender Bearbeitung, auch beim Beton und Putz. In all diesen Fällen käme so der von Semper sowie von Goethe beschriebene Gedanke des Stoffwechsels zum Tragen, in welchem sich die Fähigkeit des Menschen zur Verwandlung des Wirklichen und damit die Möglichkeit der aller Bedeutungsreflexion vorausgehenden Emanzipation von ungestaltetem Naturzusammenhang zeigt.[15] Schwieriger würde der architektonische Entwurf dieses dialogischen Balanceverhältnisses von Mensch und Wirklichkeit bei Materialien wie Glas und Stahl, bei denen jedoch ebenfalls durch bestimmte Bearbeitungstechniken der natürliche Ausgangsstoff wieder sichtbar gemacht werden könnte. Wie beispielsweise beim Sandstrahlen oder dem Ätzen von Glas, durch welches sein sandig-kristalliner Charakter wieder zum Vorschein kommt und die Wirkung des behandelten Glases – halb durchscheinend, Schattenwürfe aufnehmend – plötzlich eine poetische Anmutung auszustrahlen scheint.

Die In-Werk-Setzung des Lichtes wäre denkbar im Sinne der von Tanizaki Jun'ichirō beschriebenen „Magie des Schattens"[16], mit welcher in zarten Helligkeitsstufungen und Reflexionen das zeitliche Moment und seine Veränderlichkeit durch die Wirklichkeit zum Ausdruck gebracht würde.

Je nachdem, wie nun in feiner Justierung all diese und weitere in diesem Sinne denkbaren Elemente ausformuliert würden, mag sich mal eine der Erfahrung der Schönheit vielleicht eigene Fragilität der Balance aus

15 | S. Semper 1860, I, S. 231f., sowie Goethe 1795, S. 36.

16 | Jun'ichirō 1933, S. 42.

Geschöpftem und Gedachtem als Zeichen und Symbol des Lebendigen selbst, mal eine sich aus dem Moment des Erhabenen ableitende, widerstehende Spannung im Bild des Gebauten zeigen. Immer aber wäre in dieser Auffassung der bezeichnete Dialog, das Dialogische zwischen Mensch und geschöpfter Wirklichkeit der alles Verbindende Grundton, der die poetische Wirkung eines „Siehe" erzeugen mag.

Und auf dieses zuerst, auf die poetische Denkmaxime der dialogischen In-Werk-Setzung und Hervorbringung soll mit diesen möglichen Feldern des Ausdrucks einer heutigen, symbolischen Form hingewiesen sein. Was heißt, dass die dargestellten Felder mitnichten den Anspruch auf Vollständigkeit erheben wollen, sondern vielmehr soll mit diesen gezeigt sein, wie die Blickweise des Poetischen auf das Denken eines heute Ornamental-Symbolischen einwirken kann, indem es auf die Hervorbringung eines Charakters des Wirklichen sieht und nicht auf die – wohl auch nicht mögliche – Herstellung eines konkreten, zeichnerisch-plastischen Formenvokabulars des Symbolischen.

In diesem Zusammenhang könnte es interessant sein, einen weiteren Begriff zu betrachten, in dem sich weniger auf materieller, als auf zuerst prozessualer Ebene dieses poetische Denken eines Zeitgenössisch-Ornamentalen fortsetzen könnte und in welchem zugleich der erwähnte Aspekt des Gemeinschaftlichen des Werks der Architektur aufzugehen scheint: Dieses ist der Begriff des Handwerks. Schon für die Arts-and-Crafts-Bewegung des 19. Jahrhunderts, vor allem für William Morris und John Ruskin war das Handwerkliche der Gegenbegriff schlechthin zur kritisierten Entfremdung und Reduktion des Menschen in der industriell-kapitalistischen Produktion, deren ihrer Ansicht nach innewohnende inhumane Hässlichkeit eine Hässlichkeit der von dieser erzeugten Formen nach sich zöge. Sehr aktuell erscheint dabei die Kritik Ruskins am Siegeszug des Industriellen im 19. Jahrhundert, die er in dem Buch „Stones of Venice" 1853 äußert:

„Und der große Schrei, der aus all unseren Fabrikstätten aufsteigt, lauter als der Wind der Öfen, der schreit in Wahrheit dies: daß wir alles Mögliche herstellen, alles, nur keine Menschen. Wir bleichen Baumwolle, wir machen den Stahl hart, wir raffinieren Zucker, aber das man etwas anderes reinigen, kräftigen, verfeinern oder gar formen könne, einen einzigen lebenden Menschengeist nämlich, ja, das bedenkt keiner, wenn er seinen Profit berechnet. Und für all das Schlimme, zu dem dieser Schrei aus den Fabrikstätten unsere Massen antreibt, gibt es nur eine Heilung: [...] Anders geht es nicht, als daß alle Klassen das richtige Verständnis dafür zeigen, welche Arbeit für die Menschen gut ist, sie erhebt und glücklich macht, daß man entschlossen ist, Bequemlichkeit, Schönheit und Billigkeit zu opfern, wenn ihre Herstellung den Arbeitsmann degradiert und dagegen ebenso entschlossen Produkte fordert, die das Resultat einer gesunden und würdigen Arbeit sind."[17]

Die Schönheit der handwerklichen Fertigung, ja, das Glück, welches in ihr liegen mag, dieses beinhaltet für Ruskin schließlich auch eine mögliche Lösung des von Schinkel reflektierten Problems des Bedeutungsgehaltes eines modernen Ornamentes und der „Willkürlichkeit"[18] des Gebrauchs historischer Symbolformen. Hierzu schreibt er: „Ich glaube, die einzig entscheidende Frage bei allem Ornament ist einfach diese: War es mit Vergnügen und Genuss gemacht? *War der Bildner glücklich, als er daran meißelte?*"[19] Mit diesem Begriff des Glücksempfindens im handwerklichen Herstellungsprozess könnte nun auch eine Brücke in unsere Gegenwart geschlagen werden. Denn dass das Bauen natürlich, bei Verwendung zwar industrieller Produkte, schlussendlich und bis heute immer handwerklich geblieben ist und sich nicht sich den Prinzipien der Maschine

17 | Ruskin 1853, zit. aus: Posener 1981, 3, S. 16.

18 | Schinkel 2001, S. 150, s. Anm. 5.

19 | Ruskin 1849, S. 325.

Jørn Utzon mauernd auf der Baustelle seines Wohnhauses „Can Feliz" auf Mallorca, 1994

untergeordnet hat, das mag zwar dem schein-maschinellen Ausdruck des sich gegen die Ideen von Arts and Crafts durchsetzenden, abstrakten Bauens der Klassischen Moderne bis heute widersprechen, nicht aber der Realität auf der Baustelle.

Richard Sennett aktualisiert so auch den Begriff des Handwerks unter anderem in Hinsicht auf eben jenes Glückempfinden, wenn er in seinem überaus anregenden Buch „Handwerk“ folgendes festhält: „Handwerkliches Können hält zwei emotionale Belohnungen für den Erwerb von Fähigkeiten bereit: eine Verankerung in der greifbaren Realität und Stolz auf die eigene Arbeit.“[20] Gerade der erste von Sennett benannte Aspekt, die Verankerung des Selbst in der Wirklichkeit, verweist auf die beschriebene Suche der Gestaltung der Trennung von Subjekt und Objekt, die in der Frage nach dem mündete, was wahr, was Wahrheit für uns sei. In dem „Versunken Sein“[21] in die zu fertigende Sache, wie Sennett sagt, in wirklicher und nicht nur gedachter Auseinandersetzung mit dem Wirklichen ist im handwerklichen Prozess ein Moment von reflektierter Wahrheit insofern enthalten, als dass das gelungene Werk ausschnitthaft jene Gesetze des naturhaft Wirklichen und damit einen Teil von dessen Wahrheit zum Vorschein bringt, mit welchen das Werk und damit der Mensch gestaltend umzugehen weiß. Das handwerklich Hergestellte wird damit zum kantischen „Probierstein“[22] dessen, was wahr bezogen auf den vom Werk gezogenen Problemkreis ist, indem sich in ihm zeigt und trennt, was nur eine leere Vorstellung des Subjektes und was eine von der Wirklichkeit objektivierte Idee wäre. Und dieses „wahr bezogen auf“ kann mitunter sehr weit gehen, was an der Konstruktion eines Gebäudes oder gar dem Bau einer Stadt deutlich wird.

20 | Sennett 2009, S. 33.

21 | Ebd. S. 32.

22 | Kant 1783 (PM), § 52b, S. 340.

Das, was sich hier etwas theoretisch ausnehmen mag, kann sich vielleicht im Nachvollzug des befriedigenden Gefühles deutlicher erklären, welches sicherlich jeder kennt, der handwerklich einmal etwas herstellte. Sei es, dass man etwas reparierte, etwas baute, oder auch einen Garten anlegte und pflegte. Das „Zu-Frieden-Sein" des Gelingens mag dabei allein schon sprachlich einen Zustand beschreiben, den des Friedens, welcher die Konflikte und Fragen der Trennung von Selbst und Wirklichkeit für, wenn auch noch so begrenzte und kleine, aber bedeutende Momente aufzuheben vermag. „Il faut cultiver notre jardin."[23] – dieses von Sennett angeführte Schlusswort aus dem „Candide" Voltaires gibt jenem Moment Ausdruck, welcher, als Maxime aufgefasst, uns zugleich vor den Irrungen nicht objektivierter Subjektivität und den daraus potentiell erwachsenden Schrecken schrankenloser Rationalität zu schützen vermag. Und auch in der Arbeit des Architekten gibt es diese handwerklichen Momente, im Bau eines Modelles beispielsweise – der Fall des sein Haus mitbauenden Utzon sei hier einmal als der Nicht-Regelfall angenommen –, wenn in der Versunkenheit in den Prozess der Übersetzung einer Idee in ein Material sich plötzlich etwas glücklich klären und fügen mag, was im Gedachten des Entwurfes gar nicht vorherzusehen war.

Was könnte das nun für das Bauen und die Baustelle unserer Zeit, bezogen auf die Frage des Ornaments, bedeuten? Wäre es nicht naheliegend, im Sinne des poetischen Gedankens des Hervorbringens, des Zeigens dessen, was bedeutsam ist, auch das Handwerkliche des Bauens selbst, als ein weiteres Offenbar-Werden des objektiv Wirklichen also, in-Werk zu setzen? Als Symbol und Verkörperung dessen, dass hier ein Mensch und Menschen sich mit der geschöpften Wirklichkeit auseinandersetzten, womit das Bedeutung reflektierende Dialogische zwischen dem Selbst und

23 | Voltaire: Candide, 1759, zit. aus: Sennett 2009, S. 142.

dieser Wirklichkeit schon in den Prozess der Herstellung des Bauwerks eingeschrieben sein würde?

Wichtig scheint dabei der Begriff der Schwierigkeit des handwerklichen Problems zu sein, welches z. B. ein Detail oder eine Verbindung in avancierter handwerklicher Weise zu lösen vermag, um die angenommene ästhetische Wirkung eines Sichtbar-Werdens des Dialoges mit dem Objektiven zu erreichen. Was bereits beschrieben war, dass unser praktisches Wissen über die Wirklichkeit die Mittel und Lösungen der konstruktiven Form bestimmen muss, damit sich der Ausdruck eines objektivierenden Momentes einzustellen vermag[24], das scheint auch hier zu gelten: Das Wissen um die Möglichkeiten der handwerklichen Techniken kann nicht zurückgedreht werden, scheint das doch nur historistische Abbilder mit all ihren Problemstellungen zu erzeugen. Andererseits, wird dieses handwerkliche Wissen gänzlich dem avancierten rational-technischen Wissen und industriellen Anschein des Gebauten und Gefügten untergeordnet, so ist dieses, mit Wegfall des dialogischen Charakters der Fertigung, scheinbar nur um den Preis der Ausdruckslosigkeit desselben zu haben.

Ein weiteres Beispiel aus dem Mauerwerksbau kann dieses vielleicht veranschaulichen: Jede gemauerte Wand stellt dabei potentiell zuerst einmal ein handwerkliches Zeugnis erster Güte dar. Der Ausdruck dieses Handwerklichen aber zeigt sich zum einen umgehend zerstört in der heute weitverbreiteten, rationellen Technik des großformatigen Planziegel-„Klebens", ganz einfach deshalb, weil hier keine suchende, fordernde Auseinandersetzung des Handwerkers mit dem Material, sprich: der Wirklichkeit mehr notwendig ist. Diese Wirklichkeit ist vielmehr stillgestellt durch die weitestgehende Beseitigung aller materiellen Probleme – und damit aller exemplarischer Sichtbarwerdungen des Wirklichen in der Auseinandersetzung mit diesem –, die sich beim Mauern ergeben können. Stürze sind hier Fertigstürze, Mauereinbindungen durch eingelegte Flach-

24 | S. Kapitel 2, „Konstruktion".

stähle erledigt, Lagerfugenmörtel wird durch Rollvorrichtungen aufgetragen, Decken als Stahlbetonflachdecken aufgegossen usf. In übertragenem Sinne scheinen hier riesige Schwimmhilfen das professionelle Erlernen des Schwimmens und damit auch den eleganten, sprechenden Ausdruck gekonnten Schwimmens zu verhindern, was im hergestellten Werk einen der Gründe der Stummheit des Wirklichen in diesem abgeben mag. Zum anderen scheint die Verwendung jener überlieferten Mauerwerkstechniken, denen das sie begründende, materielle Problem durch Wissen abhanden gekommen ist, bzw. dieses Wissen die Problemstellung verändert hat, die Erscheinung eines Werkes in das Historistische so zu regredieren, wie dieses anhand des römischen Rundbogens dargestellt war[25]: Die dem Ziegel innewohnenden, heute bekannten statischen Möglichkeiten sind gewissermaßen der uns heute mögliche Blick in das durch sie beleuchtete Wirkliche. Denkt man jedoch hinter diese heutige Statik zurück, so verschleiert und verunklart man wie gesagt diesen möglichen Blick. Was sich übertragen ließe auch auf gemauerte Scheinpilaster, Gesimse usf. Der historistische Gebrauch der Handwerklichkeit vermag uns schlussendlich ebenso wenig zu vermitteln über die schwierige Frage einer möglichen Beziehung zum Objektiv des Wirklichen, wie das jene das Handwerkliche vollständig überdeckende, quasi-industrielle Herstellungstechnik zu leisten vermag.

Die aus der jeweiligen Gegenwart betrachtete Schwierigkeit des handwerklichen Problems wie die Avanciertheit der handwerklichen Lösung hingegen scheinen, indem hier an die Grenze dessen gegangen wird, was unter Einschluss unseres Wissens möglich ist, der Wirklichkeit und der mit ihr sich verwoben zeigenden *conditio humana* etwas abzuhören, welches der diffizilen und vielschichtigen Frage des Verhältnisses beider angemessen wäre. Eine Holzstütze etwa, die an die Grenze der heute möglichen Schlankheit und Verwindungsfreiheit gebracht und geformt ist,

25 | S. ebd.

eine filigrane Mauerwerksgewölbeschale, an die kalkulierbare Spannweitengrenze herangebaut, – diese und weitere denkbare Beispiele ließen in ihrer Art der handwerklichen Problemstellung in ganz besonderer Weise die Auseinandersetzung zwischen Mensch und Wirklichkeit vorstellbar präsent und sichtbar werden.

Eine Veranschaulichung dieser Wirkung findet sich im 2009 wiedereröffneten, ursprünglich von Friedrich August Stüler entworfenen Neuen Museum in Berlin, dessen ergänzender Wiederaufbau von David Chipperfield Architects in Zusammenarbeit mit Julian Harrap konzipiert ist. Konkret geht es hier um die neue Mauerwerkskuppel des kriegszerstörten Südkuppelsaales, der in zeitgenössischer Form auf einem quadratförmigen Grundriss wiedererrichtet wurde. Die nur von innen sichtbare Form der Kuppel, in weichem Sichtziegelmauerwerk ausgeführt, stellt dabei eine Art Weiterentwicklung einer Hängekuppel dar, der allerdings die seitlichen Stützbögen fehlen, so dass diese Kuppel eine sozusagen umgekehrte Quadratur des Kreises bezeichnet. Der Übergang zwischen quadratischem Raumgrundriss und kreisförmiger Kuppel wird Steinlage für Steinlage über jede Lagerfuge fließend hergestellt und endet im Druckring des Kuppelauges, des *opaions*, wie man sagen will. Und darin, in der Assoziation der altgriechischen Bezeichnung für die im Scheitel liegende Kuppelöffnung, spricht sich bereits viel über die Wirkung dieses Raumes und den Ausdruck seiner Konstruktion aus: Geschichtliches und Heutiges verbinden sich hier in der Weise, dass der tatsächliche Eindruck einer reflektierten Kontinuität entsteht, die nicht zuerst durch überlieferte Formen, sondern vielmehr durch das Handwerk der Maurer selbst, durch ihre avancierte Auseinandersetzung mit der materiellen Wirklichkeit evoziert scheint. Ruskins angeführte Frage zur Schönheit und Poetik eines der Zeit angemessenen Ornaments: „*War der Bildner glücklich, als er daran meißelte?*“[26], sie scheint sich hier wie von selbst durch das Werk zu be-

26 | Ruskin 1849, S. 325, s. Anm. 19.

David Chipperfield Architects mit Julian Harrap: Ergänzender Wiederaufbau Neues Museum Berlin, 2009; Neukonzeption Südkuppelsaal, Modellfoto antworten. Der Stolz der Maurer wie ihre Freude, ein solches, noch nicht gedachtes und vorher gemachtes Werk auszuführen, ist förmlich spürbar im darunter liegenden Kuppelsaal, welcher damit ein prägnantes Beispiel abgibt für die Möglichkeiten handwerklichen Ausdrucks im beschriebenen Sinne.

Dabei müsste, betrachtet man die ökonomische Seite des Bauens, gar nicht jeder Bauteil zu solch einem handwerklichen Meisterstück werden, könnte das doch jenen Widerspruch erzeugen, in welchen William Morris mit der total gedachten handwerklichen Herstellung geriet und welchen er selbst so treffend auf den Punkt brachte, indem er einem Besucher seiner Werkstatt auf Nachfrage, was er denn da tue, antwortete: „Ich mache im Schweiße meines Angesichts ganz einfache Möbel, die so teuer sind, daß nur die reichsten Kapitalisten sie sich kaufen können."[27] Der avancierte handwerkliche Ausdruck könnte auch, ganz im Sinne des Ornaments, als pointierte Unterstreichung und Hervorhebung wichtiger Details nur stellenweise und damit auch wirtschaftlich realisierbar eingesetzt werden. Wünschenswert wäre natürlich, dass die ganze ökonomische Kultur des Bauens, in welcher die handwerkliche Leistung wie alle anderen Qualitäten des Bauens auch unter die primäre Perspektive des Preis- und Profitdrucks geraten ist, dass diese Kultur und damit unsere gesamte Gesellschaftskultur sich änderte. Das also Geld und Wertvolles in Waage gebracht wären und nicht, wie heute zu beobachten, Geld sich zuverlässig mit dem Gegenteil von allem Wertvollen zu verbinden scheint, so dass für das Wichtige, wie eben z. B. das Handwerkliche, nur wenig Raum bleibt. Aber wenn auch geradezu sicher anzunehmen ist, dass die Kultur des, wie Harald Welzer sagt: „ALLES IMMER"[28] nicht das letzte Wort gesellschaftlichen Wollens darstellt und die „nie alt werdenden", nach

27 | Zit. aus: Posener 1981, 3, S. 15.

28 | Welzer 2014, S. 289.

Bedeutung fragenden Gedanken der Menschen wieder wahrgenommen werden, so könnte doch schon heute eine solche pointierte, ja: ornamentale Form handwerklichen Ausdrucks eine der beschriebenen, möglichen Verkörperungen der Hoffnung darstellen, dass mehr ist zwischen Geburt und Sterben als die störungsfreie Befriedigung physischer Bedürfnisse. – Der Hoffnung? Vielleicht sollte man besser sagen: Der Bewusstheit, dass wir dieses Mehr brauchen, wie Essen und Trinken auch, und wir im Antlitz poetisch gedachter Symbolformen daran erinnert werden können: An das Wunderhafte des Lebendigen, – sein Rätsel und seine Wahrheit, die uns hält:

„Immer lieb war mir dieser einsame Hügel
und diese Hecke, die von so weiten Teilen
des letzten Horizontes den Blick ausschließt.
Aber sitzend und schauend, endlose
Räume hinter ihr und übermenschliche
Stille und tiefste Ruhe
stelle ich mir in Gedanken vor; wobei fast
das Herz mir erschrickt. Und wie ich den Wind
rascheln höre durch die Zweige, beginne ich,
jene unendliche Stille mit diesem Geräusch
zu vergleichen: und mir fällt die Ewigkeit ein
und die toten Jahreszeiten, und die gegenwärtige
lebendige und ihr Klang. So ertrinkt
zwischen diesen Unermeßlichkeiten mein Denken.
Und süß ist mir der Schiffbruch in diesem Meer."[29]

29 | Giacomo Leopardi: L'Infinito/Das Unendliche, 1819, zit. aus: Calvino 1991, S. 93.

Entwürfe

Landschaftsplatz 1; Modellstudie

1. Studien / Rom 2012.

Die Modellstudien entstanden während eines Forschungsaufenthaltes in der Villa Massimo in Rom. Sie setzen sich mit dem Thema der Angemessenheit und der Möglichkeit der poetischen Reflexion des Entworfenen mit den Moment von Bedeutsamkeit evozierenden Landschaften Caspar David Friedrichs auseinander.

Terrassenzimmer 1
Modellstudie, Rom 2012

Terrassenzimmer 2
Modellstudie, Rom 2012

Garten
Modellstudie, Rom 2012

Loggia / Strasse
Modellstudie, Rom 2012

Landschaftsplatz 2
Modellstudie, Rom 2012

Fassade / Landschaftsplatz
Modellstudie, Rom 2012

Modellfragment Fassade, Rom 2012
Ausstellung Martin-Gropius-Bau Berlin 2013

Modellfragment Fassade Stadthaus, Rom 2012
Ausstellung Martin-Gropius-Bau Berlin 2013

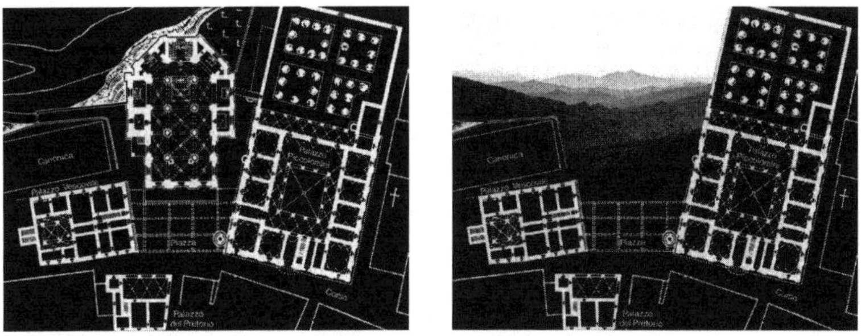

Konzeptskizzen: Religiös bestimmte (li.) und durch ästhetische Naturerfahrung bestimmte Öffentlichkeit (re.)

2. Städtebaulicher Wettbewerb Prinz Eugen Kaserne, München 2009, mit Pia von Zadow Landschaftsarchitekten; 1. Preis ex aequo.

Gesucht wurden in dem Wettbewerb Konzepte für die geplante Konversion eines ca. 30 ha großen, ehemaligen Kasernengeländes im Osten von München in ein neues Wohnviertel. Neben der Wahl einer offenen Blocktypologie mit innenliegenden Gärten, Remisen und Durchwegungen lag der Fokus

Zentraler Landschaftsplatz
Wettbewerb Prinz Eugen Kaserne, München 2009

des Entwurfes auf der Einbindung der vorhandenen Natur in das Gelände. In Form eines neuentworfenen Parks trifft diese Natur schließlich auf den zentralen Landschaftsplatz, über welchen, durch die Gegenüberstellung und Verwebung von Stadt und Natur, eine auch unserer Zeit mögliche Erfahrung von Öffentlichkeit ermöglicht werden soll. Der Platz zeigt und verweist auf die Natur und damit auf die Maße vermittelnde Wirklichkeit.

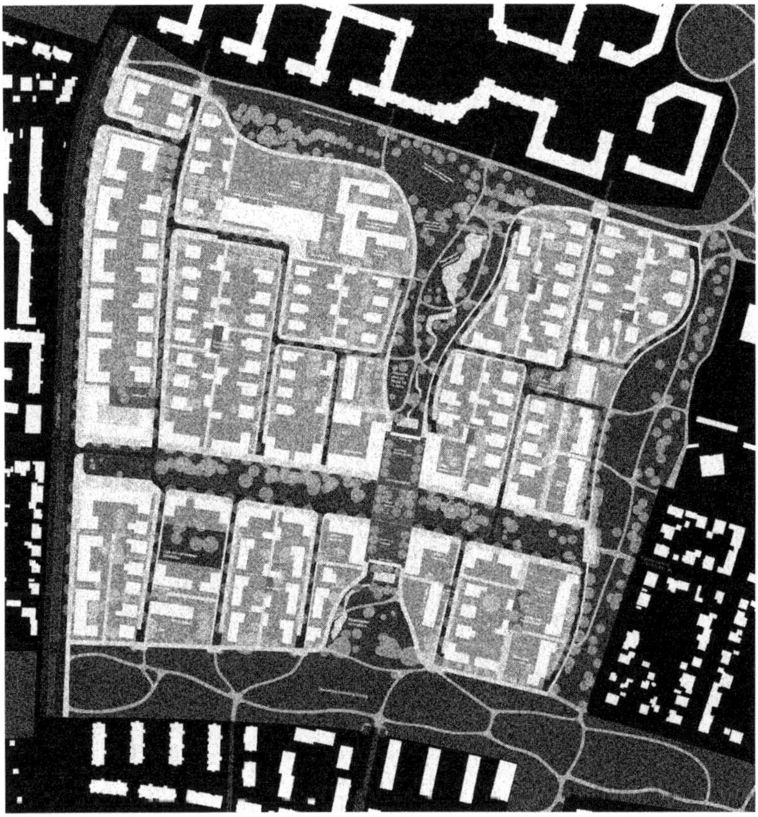

Lageplan, genordet; Landschaftsplatz im Kreuzpunkt der Grünzüge
Wettbewerb Prinz Eugen Kaserne, München 2009

Blick auf Gartenremise im Blockinnenraum
Wettbewerb Prinz Eugen Kaserne, München 2009

Blick aus Wohnung in zentralen Park
Wettbewerb Prinz Eugen Kaserne, München 2009

Wohnraum 2. Ebene

3. Entwurf und Realisierung Dachgeschossumbau in Potsdam, 2014 / 15, Annette Köppler-Türk. Statik: Martin Müller. Wichtigste Maßnahme des Umbaus des Dachgeschosses in einem 1898 errichteten, denkmalgeschützten Altbau auf insgesamt 3 Ebenen war die Öffnung des Daches, um mit einem Patio und einem dadurch ermöglichten Gartenbezug die Wohnung zum Außen und zum Himmel zu öffnen. Des weiteren wurden der vorhandene Holzdachstuhl

Wohnraum 2. Ebene
Dachgeschossumbau Potsdam, 2015

und die bestehenden Mauerwerkswände freigelegt, um über die Sichtbarmachung der Konstruktion, der Materialität und deren Geschichtlichkeit eine Form des Ornamentes zu evozieren.

Der sich einstellende Eindruck der Wohnung wandelte sich so von einer geschlossenen Raumzelle zu einer Art „petite maison avec jardin, située au-dessus d'une chaussee." (Le Corbusier zu seinem Projekt der „Immeuble-Villas")

Treppe Ebene 1 / 2
Dachgeschossumbau Potsdam, 2015

Treppe Ebene 1 / Eingang
Dachgeschossumbau Potsdam, 2015

Ebene 1 / Küche und Patio
Dachgeschossumbau Potsdam, 2015

Ansicht Osten

3. Entwurf und Realisierung Wohnhaus L in Potsdam, 2014-15. Statik: Martin Müller. Das Haus versucht die Tradition der Potsdamer Kulturlandschaft zu reflektieren, deren Herzstück durch die Architektur und Gartenarchitektur der Schinkel- und Lenné-Schule gebildet wurde. Dieses allerdings nicht auf formaler Ebene des historistischen Ornamentes, vielmehr versucht der Entwurf des Hauses die ideengeschichtliche Tradition des Denkens Schinkels und Lennés

Ansicht Süden
Haus L, Potsdam 2015

aufzunehmen, indem er zum einen über einen expliziten Garten- und damit Naturbezug dem Gedanken der Bedeutungsbezogenheit eines Bauwerkes zu einer als Referenz verstanden naturhaften Wirklichkeit folgt.

Zum anderen soll über das konstruktiv-handwerkliche Detail – z. B. der scheitrechten Stürze in Sichtmauerwerk oder der gekoppelten Holzstützen in der westlichen Loggia – ein ebensolcher Naturbezug auch auf Ebene des architektonischen Ausdrucks in-Werk-gesetzt werden.

Ansicht Westen / Loggia OG
Haus L, Potsdam 2015

Luftraum OG / EG
Haus L, Potsdam 2015

Treppenhaus EG / OG
Haus L, Potsdam 2015

Ansicht Norden / Eingang
Haus L, Potsdam 2015

Koppelstütze Loggia OG
Haus L, Potsdam 2015

Ansicht Westen
Haus L, Potsdam 2015

Ansicht Osten
Haus L, Potsdam 2015

Fenster OG Richtung Osten
Haus L, Potsdam 2015

Ansicht Osten
Haus L, Potsdam 2015

Bibliografie

Anmerkung: In den Kurznachweisen der Literatur in den Fußnoten ist nach Möglichkeit immer das Ersterscheinungsjahr angegeben. Dieses Ersterscheinungsjahr ist in der Bibliografie dem Titel bzw. dem Verlag in Klammern nachgestellt, die Seitenangaben in den Fußnoten beziehen sich auf die dann folgend angegebene Literatur.

- Adorno, Theodor W.: Ästhetische Theorie (1969). Zit. aus: Ders.: Ders. Titel. Suhrkamp Taschenbuch Wissenschaft 2. Frankfurt a. Main: Suhrkamp 1980.
- Adorno, Theodor W.: Negative Dialektik (1966). Zit. aus: Ders.: Ders. Titel. Suhrkamp Taschenbuch Wissenschaft 113. Frankfurt a. Main: Suhrkamp 1975.
- Adorno, Theodor W.; Horkheimer, Max: Dialektik der Aufklärung (1947). Zit. aus: Dies.: Ders. Titel. Frankfurt a. Main: Fischer 1997.
- Aristoteles: Poetik. Stuttgart: Reclam 1994.
- Alberti: De Re Aedificatoria (1485). Zit. aus: Ders.: Zehn Bücher über die Baukunst. Übersetzt und eingeleitet von Max Theuer. Wien: Heller, 1912 (unveränderter Reprint: Darmstadt: Wissenschaftliche Buchgesellschaft 2005).
- Benjamin, Walter: Über den Begriff der Geschichte (1940). Zit. aus: Ders.: Gesammelte Schriften. Band I, 2. Hrsg. v. Rolf Tiedemann und Hermann Schweppenhäuser. Frankfurt a. Main: Suhrkamp 1980.
- Bernhard, Thomas: Holzfällen: Eine Erregung. Frankfurt a. Main: Suhrkamp 1988.
- Böhme, Gernot: Architektur und Atmosphäre. München: Fink 2006.
- Bötticher, Karl: Die Tektonik der Hellenen. 2 Bände: I: Einleitung und Dorika; II: Der hellenische Tempel in seiner Raumanlage für Zwecke des Kultes.

Potsdam: Riegel (1844-49). – Zit. aus dem Teilabruck des ersten Bandes in: Oechslin, Werner: Stilhülse und Kern: Otto Wagner, Adolf Loos und der evolutionäre Weg zur modernen Architektur. Zürich: gta-Verlag 1994.
- Boullée, Etienne-Louis: Architektur: Architecture. Essai sur l'art (1790). Zit. aus: Ders.; Wyss, Beat (Hrsg.): Abhandlung über die Kunst . Deutsche Übersetzung des französischen Originals. Zürich, München: Artemis 1987.
- Calvino, Italo: Sechs Vorschläge für das nächste Jahrtausend: Harvard Vorlesungen. München: Hanser 1991.
- Čapek, Karel: Das Jahr des Gärtners (1929). Zit. aus: Harrison, Robert: Gärten: Ein Versuch über das Wesen des Menschen. München: Hanser 2010.
- Dieterle, Martina: Dodona: Religionsgeschichtliche und historische Untersuchungen zur Entstehung und Entwicklung des Zeus-Heiligtums. Hamburg: Dissertation an der Universität Hamburg 1999.
- Enders, Markus; Szaif, Jan (Hrsg.): Die Geschichte des philosophischen Begriffs der Wahrheit. Berlin: Walter de Gruyter 2006.
- Giono, Jean: Der Mann, der Bäume pflanzte (1953). Zit. aus: Hindermann, Federico (Hrsg.): „Sag' ich's euch, geliebte Bäume ...": Texte aus der Weltliteratur. Zürich: Manesse 1984.
- Goethe, Johann Wolfgang: Baukunst (1795). Zit. aus: Ders.: Goethes Werke: Schriften zur Kunst, Schriften zur Literatur, Maximen und Reflexionen. Band 12. Hamburger Ausgabe in 14 Bänden, hrsg. v. Trunz, Erich; Schrimpf, Hans Joachim. München: Beck 1998.
- Goethe, Johann Wolfgang: Maximen und Reflexionen (o. J.). Zit. aus: Ders.: Goethes Werke: Schriften zur Kunst, Schriften zur Literatur, Maximen und Reflexionen. Hamburger Ausgabe in 14 Bänden, hrsg. v. Trunz, Erich; Schrimpf, Hans Joachim. Band 12. München: Beck 1998.
- Grassnick, Martin (Hrsg.): Die Architektur der Neuzeit. Materialien zur Baugeschichte. Band 3. Braunschweig: Vieweg 1982.
- Guardini, Romano: Briefe vom Comer See (1925). Zit. aus: Ders.: Die Technik und der Mensch. Mainz: Grünewald-Verlag 1965.
- Habermas, Jürgen: Die Moderne – ein unvollendetes Projekt (1980). Zit. aus: Ders.: Die Moderne – ein unvollendetes Projekt: Philosophisch-politische Aufsätze 1977-1990. Leipzig: Reclam 1990.

- Habermas, Jürgen: Die neue Unübersichtlichkeit. Frankfurt a. Main: Suhrkamp 1985.

- Habermas, Jürgen: Philosophisch-Politische Profile. Frankfurt a. Main: Suhrkamp 1981.

- Habermas, Jürgen: Theorie des kommunikativen Handelns. 2 Bände. Frankfurt a. Main: Suhrkamp 1995.

- Hämer, Hardt-Waltherr: Behutsame Stadterneuerung (1990). Zit. aus: Senatsverwaltung für Bau- und Wohnungswesen (Hrsg.): Stadterneuerung Berlin. Berlin: Senatsverwaltung für Bau- und Wohnungswesen 1990.

- Härtl, Ursula (Hrsg.): Überlebensmittel, Zeugnis, Kunstwerk, Bildgedächtnis: Die ständige Kunstausstellung der Gedenkstätte Buchenwald. Weimar: Stiftung Gedenkst. Buchenwald u. Mittelbau-Dora 2005.

- Handke, Peter: Gestern unterwegs: Aufzeichnungen November 1987 – Juli 1990. Salzburg: Jung und Jung 2005.

- Handke, Peter: Meine Ortstafeln | Meine Zeittafeln: 1967-2007. Frankfurt a. Main: Suhrkamp 2007.

- Handke, Peter: Vor der Baumschattenwand nachts: Zeichen und Anflüge von der Peripherie 2007-2015. Salzburg: Jung und Jung 2016.

- Harlan, Volker (Hrsg.): Was ist Kunst?: Werkstattgespräch mit Beuys. Stuttgart: Urachhaus 1992.

- Hartmann, Kristina; Nerdinger, Winfried; Schirren, Matthias; Speidel, Manfred (Hrsg.): Bruno Taut 1880-1938: Architekt zwischen Tradition und Avantgarde. Stuttgart u. a.: DVA 2001.

- Heidegger, Martin: Bauen Wohnen Denken (1951). Zit. aus: Ders.: Vorträge und Aufsätze. Stuttgart: Klett-Cotta 2004.

- Heidegger, Martin: Die Frage nach der Technik (1953). Zit. aus: Ders.: Vorträge und Aufsätze. Stuttgart: Klett-Cotta 2004.

- Hofmannsthal, Hugo von: Ein Brief (1902). Zit. aus: Reich-Ranicki, Marcel (Hrsg.): Der Kanon: Die Deutsche Literatur. Band 3: Essays. Frankfurt a. Main: Insel 2006.

- Homer: Ilias. Stuttgart: Reclam 1979.

- Jonas, Hans: Das Prinzip Verantwortung: Versuch einer Ethik für die technologische Zivilisation (1979). Zit. aus: Ders.: Ders. Titel. Frankfurt a. Main: Suhrkamp 2003.
- Jonas, Hans: Wissenschaft als persönliches Erlebnis. Göttingen: Vandenhoeck und Ruprecht 1987.
- Jun'ichiro, Tanizaki Lob des Schattens (1933). Zit. aus: Ders.: Ders. Titel. Übersetzt und kommentiert von Eduard Klopfenstein. Zürich: Manesse, 2010.
-Kahlfeldt, Paul; Lepik, Andreas: Dreissig Jahre Neue Nationalgalerie Berlin. 2. geänderte Auflage. Berlin : Kahlfeldt 2001.
- Kant, Immanuel: Beantwortung der Frage: Was ist Aufklärung? (1783). Zit. aus: Bahr, Ehrhard (Hrsg.): Was ist Aufklärung?: Thesen und Definitionen. Stuttgart: Reclam 1996.
- Kant, Immanuel: Kritik der praktischen Vernunft (1788). Zit. aus: Ders.; Königl. Preußische Akademie der Wissenschaften (Hrsg.): Kant⊠s Gesammelte Schriften (= Akademieausgabe). Band 5. Berlin: Georg Reimer 1908. (im Text zitiert als: „KdpV")
- Kant, Immanuel: Kritik der reinen Vernunft (2. Auflage 1787). Zit. aus: Ders.; Königl. Preußische Akademie der Wissenschaften (Hrsg.): Kant's Gesammelte Schriften (= Akademieausgabe). Band 3. Berlin: Georg Reimer 1904. (im Text zitiert als „KdrV")
- Kant, Immanuel: Kritik der Urteilskraft (2. Auflage 1793). Zit. aus: Ders.; Königl. Preußische Akademie der Wissenschaften (Hrsg.): Kant's Gesammelte Schriften (= Akademieausgabe). Band 5. Berlin: Georg Reimer 1908. (im Text zitiert als „KdrV")
- Kant, Immanuel: Prolegomena zu einer jeden künftigen Metaphysik, die als Wissenschaft wird auftreten können (1783). Zit. aus: Ders.; Königl. Preußische Akademie der Wissenschaften (Hrsg.): Kant's Gesammelte Schriften (= Akademieausgabe). Band 4. Berlin: Georg Reimer 1903. (im Text zitiert als „PM")
- Kautsky, Benedikt: Teufel und Verdammte: Erfahrungen und Erkenntnisse aus sieben Jahren in deutschen Konzentrationslagern. Wien: Verl. der Wiener Volksbuchhandlung 1948.

- Keen, Mary: Mein Gartenparadies. München: Callwey, 1997.
- Kertész, Imre: Heureka! – Rede zum Nobelpreis für Literatur (2002). Zit. aus: Ders.: Die exilierte Sprache: Essays und Reden. Frankfurt am Main: Suhrkamp 2003.
- Kleist, Heinrich von: Brief an Wilhelmine von Zenge (1800). Zit. aus: Ders.: Sämtliche Werke. Berlin u. a.: Tempel-Verlag 1960.
- Kleist, Heinrich von: Über das Marionettentheater (1810). Zit. aus: Ders.: Sämtliche Werke. Berlin u. a.: Tempel-Verlag 1960.
- Klotz, Heinrich (Hrsg.): Die Zweite Moderne: Eine Diagnose der Kunst der Gegenwart. München: Beck 1996.
- Köppler. Jörn: Sinn und Krise moderner Architektur: Zeitgenössisches Bauen zwischen Schönheitserfahrung und Rationalitätsglauben. Bielefeld: transcript 2010.
- Kruft, Hanno-Walter: Geschichte der Architekturtheorie: Von der Antike bis zur Gegenwart. München: C. H. Beck 1995.
- Kurz, Annette: Gespräch mit Jörn Köppler. Hamburg 2016. – Teil des Gespräches abgedruckt in: „Das Gehege für die Utopie – Das ist Theater. Zit. aus: Modulor Magazin, Heft 1, 2016, S. 48-55.
- Leibnitz, Gottfried Wilhelm: Principes de la nature et de la grace fondés en raison (1718). Zit. aus: Ders.: Vernunftprinzipien der Natur und der Gnade. Übersetzt von Artur Buchenau. Hamburg: Meiner 1982.
- Meyer, Hannes: Bauen (1928). Zit. aus: Conrads, Ulrich (Hrsg.): Programme und Manifeste zur Architektur des 20. Jahrhunderts. Bauwelt Fundamente 1. Braunschweig u. a.: Vieweg 1981.
- Michelangelo Buonarroti: Gedichte. Übersetzt von Michael Engelhard. Frankfurt a. Main: Insel 1999.
- Michelangelo Buonarroti: Zweiundvierzig Sonette: In der Übertragung von Rainer Maria Rilke. Frankfurt a. Main u. a.: Insel 2002.
- Mies van der Rohe, Ludwig: Antrittsrede (1938). Zit. aus: Neumeyer, Fritz: Mies van der Rohe – Das kunstlose Wort: Gedanken zur Baukunst. Berlin: Siedler 1986.
- Mies van der Rohe, Ludwig: Interview mit Horst Eifler und Ulrich Conrads in Berlin (1964). – Aufzeichnung: Mies in Berlin (CD). Bauwelt Archiv 1.

- Mies van der Rohe, Ludwig: Vortrag (um 1950). Zit. aus: Neumeyer, Fritz: Mies van der Rohe – Das kunstlose Wort: Gedanken zur Baukunst. Berlin: Siedler 1986.
- Müller, Werner; Vogel, Gunther (Hrsg.): dtv-Atlas zur Baukunst. Band 2. München: dtv 1992.
- Neumeyer, Fritz: Mies van der Rohe – Das kunstlose Wort: Gedanken zur Baukunst. Berlin: Siedler 1986.
- Nomadisch Grün (Hrsg.): Prinzessinnengärten: Anders gärtnern in der Stadt. Köln: DuMont 2012.
- Norberg-Schulz, Christian: Genius Loci: Landschaft, Lebensraum, Baukunst. Stuttgart: Klett 1982.
- Platon: Symposion / Das Gastmahl, oder: Von der Liebe. Stuttgart: Reclam 1979.
- Popp, Steffen: Wie Alpen: Gedichte. Idstein: kookbooks 2007.
- Posener, Julius: Vorlesungen zur Geschichte der Neuen Architektur: 1750-1933. 5 Hefte. Aachen: Arch+ 1979-83.
- Richter, Gerhard: Landschaften. Ostfildern: Cantz 2011
- Ruskin, John: Die sieben Leuchter der Baukunst (1849). Zit. aus: Ders.; Kemp, Wolfgang (Hrsg.): Ders Titel. Dortmund: Harenberg 1994.
- Schinkel, Karl Friedrich; Peschken, Gerd (Hrsg.): Das Architektonische Lehrbuch. München u. a.: Deutscher Kunstverlag 2001.
- Schopenhauer, Arthur: Die Welt als Wille und Vorstellung. 2 Bände (2. Auflage 1844). Zit. aus: Ders.: Ders. Titel. Frankfurt a. Main: Insel 1996.
- Schwarz, Rudolf: Das Anliegen der Baukunst (1951). Zit. aus: Conrads, Ulrich (Hrsg.): Mensch und Raum: Das Darmstädter Gespräch 1951. Bauwelt Fundamente 94. Braunschweig: Vieweg 1991.
- Schwarz, Rudolf: Neues Bauen (1929). Zit. aus: Die Schildgenossen, IX, 1929. Zit. aus: Neumeyer, Fritz (Hrsg.): Quellentexte zur Architekturtheorie. Band 3. Berlin: Technische Universität Berlin 1999.
- Schweizer, Albert: Kulturphilosophie. 2 Bände (1923). Zit. aus: Ders.: Ders. Titel. München: C. H. Beck 2007.
- Semper, Gottfried: Der Stil in den technischen und tektonischen Künsten, oder praktische Aesthetik: Ein Handbuch für Techniker, Künstler und

Kunstfreunde. 2 Bände (1860-1863). Zit. aus: Ders.: Ders. Titel. 2 Bände. Mittenwald: Mäander 1977.
- Sennett, Richard: Handwerk. Berlin: Berliner Taschenbuch Verlag 2009.
- Störig, Hans Joachim: Kleine Weltgeschichte der Philosophie. Frankfurt a. Main: Fischer 1987.
- Spaemann, Robert: Philosophische Essays. Stuttgart: Reclam 1994.
- Spaemann, Robert: Schritte über uns hinaus: Gesammelte Reden und Aufsätze II. Stuttgart: Klett-Cotta 2011.
- Taut, Bruno: Architekturlehre (1937). Zit. aus: Arch+, Heft 194, 2009.
- Thoreau, Henry David: Walden: or, Life in the Woods (1854). Zit. aus: Ders.: Walden, oder: Leben in den Wäldern. Übersetzt von Emma Emmerich und Tatjana Fischer. Zürich: Diogenes 1979.
- Ulfig, Alexander: Lexikon der philosophischen Begriffe. Wiesbaden: Fourier 1997.
- Valéry, Paul: Eupalinos oder der Architekt (1921). Zit. aus: Ders.: Ders. Titel. Frankfurt a. Main: Suhrkamp 1991.
- Venturi, Robert: Complexity and Contradiction in Architecture (1966). Zit. aus: Ders.: Komplexität und Widerspruch in der Architektur. Übersetzt von Heinz Schollwöck. Bauwelt Fundamente 50. Braunschweig u. a.: Vieweg 1978.
- Vitruv: Zehn Bücher über Architektur (um 30 v. Chr.). Zit. aus: Ders.: Ders. Titel. Übersetzt und erläutert von Jakob Prestel. Baden-Baden: Verlag Valentin Koerner 1987.
- Weber, Max: Die protestantische Ethik und der Geist des Kapitalismus (1905). Zit. aus: Die protestantische Ethik. Band 1. Gütersloh: Gütersloher Verl.-Haus Mohn 1981.
- Weber, Max: Wissenschaft als Beruf (1917). Zit. aus: Ders.: Ders. Titel. Stuttgart: Reclam 1995.
- Welzer, Harald: Selbst Denken: Eine Anleitung zum Widerstand. Frankfurt a. Main: Fischer 2014.
- Weston, Richard: Jørn Utzon. Kiel: Nieswand 2001.
- Wijdeveld, Paul: Ludwig Wittgenstein: Architekt. Amsterdam: Pepin, 1993

- Wittgenstein, Ludwig: Aus dem Nachlaß (um 1947-48). Zit. aus: Ders.: Vermischte Bemerkungen: Eine Auswahl aus dem Nachlaß. Frankfurt a. Main: Suhrkamp 1987.
- Wittgenstein, Ludwig: Tractatus Logico-Philosophicus (1922). Zit. aus: Ders.: Ders. Titel. London: Paul, Trench, Trubner 1922.

Abbildungsverzeichnis

Architekturen

Susanne Hauser, Julia Weber (Hg.)
Architektur in transdisziplinärer Perspektive
Von Philosophie bis Tanz.
Aktuelle Zugänge und Positionen

2015, 402 Seiten, kart., zahlr. Abb., 34,99 €,
ISBN 978-3-8376-2675-9

Alexander Gutzmer
Architektur und Kommunikation
Zur Medialität gebauter Wirklichkeit

2015, 138 Seiten, kart., 24,99 €,
ISBN 978-3-8376-3269-9

Susanne Hauser, Christa Kamleithner, Roland Meyer (Hg.)
Architekturwissen. Grundlagentexte aus den Kulturwissenschaften
Bd. 2: Zur Logistik des sozialen Raumes

2013, 448 Seiten, kart., 27,80 €,
ISBN 978-3-8376-1568-5

Leseproben, weitere Informationen und Bestellmöglichkeiten finden Sie unter www.transcript-verlag.de

Architekturen

Ekkehard Drach (Hg.)
Das Verschwinden des Architekten
Zur architektonischen Praxis im digitalen Zeitalter
September 2016, 242 Seiten, kart., zahlr. Abb., 29,99 €,
ISBN 978-3-8376-3252-1

Tobias Zervosen
Architekten in der DDR
Realität und Selbstverständnis einer Profession
September 2016, 474 Seiten, kart., zahlr. Abb., 44,99 €,
ISBN 978-3-8376-3390-0

Daniela Allmeier, Inge Manka, Peter Mörtenböck, Rudolf Scheuvens (Hg.)
Erinnerungsorte in Bewegung
Zur Neugestaltung des Gedenkens an Orten nationalsozialistischer Verbrechen
März 2016, 392 Seiten, kart., zahlr. Abb., 39,99 €,
ISBN 978-3-8376-3059-6

Gerhard Martin Burs
Mediale Präsentation in der Gegenwartsarchitektur
Das Beispiel der Vereinigten Arabischen Emirate
2015, 458 Seiten, kart., zahlr. Abb., 49,99 €,
ISBN 978-3-8376-3343-6

Gunnar Klack
Gebaute Landschaften
Fehling + Gogel und die organische Architektur: Landschaft und Bewegung als Natur-Narrative
2015, 516 Seiten, kart., zahlr. Abb., 54,99 €,
ISBN 978-3-8376-3290-3

Simone Kraft
Dekonstruktivismus in der Architektur?
Eine Analyse der Ausstellung »Deconstructivist Architecture« im New Yorker Museum of Modern Art 1988
2015, 418 Seiten, kart., zahlr. Abb., 39,99 €,
ISBN 978-3-8376-3029-9

Felix Hoepner
Stadt und Sicherheit
Architektonische Leitbilder und die Wiedereroberung des Urbanen: »Defensible Space« und »Collage City«
2015, 234 Seiten, kart., zahlr. Abb., 34,99 €,
ISBN 978-3-8376-3203-3

Karen Beckmann
Urbanität durch Dichte?
Geschichte und Gegenwart der Großwohnkomplexe der 1970er Jahre
2015, 500 Seiten, kart., zahlr. Abb., 39,99 €,
ISBN 978-3-8376-3063-3

Andri Gerber
Metageschichte der Architektur
Ein Lehrbuch für angehende Architekten und Architekturhistoriker (unter Mitarbeit von Alberto Alessi, Uli Herres, Urs Meister, Holger Schurk und Peter Staub)
2014, 318 Seiten, kart., zahlr. Abb., 29,99 €,
ISBN 978-3-8376-2944-6

Ute Poerschke
Funktionen und Formen
Architekturtheorie der Moderne
2014, 282 Seiten, kart., zahlr. Abb., 34,99 €,
ISBN 978-3-8376-2315-4

Leseproben, weitere Informationen und Bestellmöglichkeiten finden Sie unter www.transcript-verlag.de